# Pére en Exil

Par Guo, Li

Canada Internationale Presse

Titre : Pére en Exil
Ce livre est traduit par Mia G. Crete et Felix à partir du livre anglais
*A Flying Dad* écrit à l'origine par Guo, Li.
vérificateur de version française: Albert Liu
Auteur : Guo, Li (Texte dicté, relu)
Compilé par : Les amis de Guo, Li
Photographe: Jianting Guo, Hong Xin, Tina Y. Zhang,
    Sally Zhu, et autres
Éditeur : Canada Internationale Presse  www.intlpressca.com
Courriel : service@intlpressca.com
Première édition au Canada : juin 2025
Première impression : juin 2025
ISBN de l'édition imprimée : 978-1-998479-42-9
ISBN du livre numérique : 978-1-998479-41-2

Tous droits réservés © Canada Internationale Presse.
Reproduction non autorisée interdite.

# Introduction

Guo, Li (郭利 en chinois), ce nom est devenu un symbole dans l'incident de la formule infantile contaminée au mélamine en Chine, un homme ordinaire qui travaille sans relâche pour une justice et une vérité réelles. Son histoire n'est pas seulement l'expérience personnelle d'un père de Pékin luttant pour la santé de son enfant, mais aussi une interrogation profonde sur la justice sociale et l'état de droit en Chine dans son ensemble.

En 2008, la Chine a choqué le monde avec le scandale de la formule infantile contaminée au mélamine. Des centaines de milliers de nourrissons et de jeunes enfants, y compris l'enfant de Guo, ont souffert de maladies du système urinaire après avoir consommé du lait en poudre contenant des produits chimiques mortels. À cette nouvelle étape de la vie qui devrait être remplie d'espoir et de bonheur, de nombreuses familles chinoises sont tombées dans une douleur et un désespoir sans fin. Cependant, face à cette tragédie, différentes personnes ont choisi des chemins de lutte différents. Certains se sont tus, d'autres ont transigé, mais Guo a choisi de se battre et de défendre.

En tant que consommateur ordinaire et parent d'une victime, Guo voulait initialement obtenir justice et espérait faire valoir les droits de son enfant par des moyens légaux. Cependant, il a été confronté non seulement à l'irresponsabilité des entreprises laitières, mais aussi à diverses injustices dans le système judiciaire chinois. Le groupe China Mengniu Yashily International l'a accusé d'extorsion et il a été condamné à cinq ans de prison. Pendant cette période, il a perdu sa liberté, mais pas sa foi. Son corps était emprisonné, mais son esprit est resté fort.

Après sa libération d'une prison de Jieyang, Guo a utilisé tous les moyens légaux pour faire appel et a finalement été reconnu non coupable par la Cour suprême du Guangdong. Cependant, lorsqu'il a demandé des compensations de l'État, sa demande a de nouveau été rejetée. Cette série de rebondissements nous permet d'apercevoir les nombreux obstacles auxquels un homme de classe moyenne est confronté dans sa quête de justice et d'équité, ainsi que la pression psychologique énorme et les difficultés de vie causées par l'oppression institutionnelle chinoise.

Aujourd'hui, Guo a consigné chaque détail de son processus de défense des droits au fil des années dans un livre. Il s'agit d'une révélation courageuse et complète, d'une réflexion approfondie sur sa propre expérience et d'une critique sérieuse de la situation sociale actuelle en Chine. À travers son expérience de souffrance, il nous a dit : même dans les temps les plus sombres, ne jamais abandonner l'espoir ; même face aux forces du mal (雅势力) ou à des ennemis puissants, il faut s'accrocher à la vérité ; même si l'on est seul et sans aide, il faut croire que la justice finira par triompher.

Le nouveau livre de Guo Li n'est pas seulement un récit de sa lutte personnelle pour les droits humains, mais aussi un témoin vivant de son époque. Il nous rappelle que chaque individu peut devenir une petite particule de poussière dans le torrent de l'histoire, mais que chaque petite voix réunie peut former une grande vague qui change le monde.

J'espère que les lecteurs du monde entier ressentiront la persévérance et la détermination de Guo, chériront notre environnement juridique existant, et travailleront ensemble à promouvoir notre progrès social, afin que plus d'hommes comme Guo ne soient plus seuls et sans aide dans leur quête de justice et d'équité en Chine et au-delà.

Avec cette INTRODUCTION, je rends hommage à ceux qui continuent de lutter fermement pour la vérité, la justice et l'équité !

QIAO Long (乔龙)

Grand reporter d'actualités en chinois,
Médias américains mainstream
28 septembre 2024, HK

# Remarques de l'auteur

Dans une classe d'une célèbre institution d'enseignement supérieur, un étudiant a répondu à la question du professeur : « Le mal n'existe pas, professeur ; pour le dire simplement, le mal en lui-même n'existe pas. Il n'y a de méchanceté que parce qu'il n'y a pas de Dieu dans votre cœur, tout comme l'obscurité et le froid. De même, le mal est un terme créé par les humains pour décrire l'absence de Dieu dans le cœur ; ainsi, Dieu n'a pas créé le mal, il résulte du manque d'amour de Dieu dans le cœur humain, tout comme le froid provient de l'absence de source de chaleur et l'obscurité de l'absence de rayons de lumière. » Le professeur a alors demandé : « Qui es-tu, jeune homme ? » L'étudiant a répondu : « Cher professeur, je m'appelle Albert Einstein. »

Compte officiel Weibo : @A-Kidney-Stone-Baby's-Dad-Guo-Li (@结石宝宝父亲郭利)

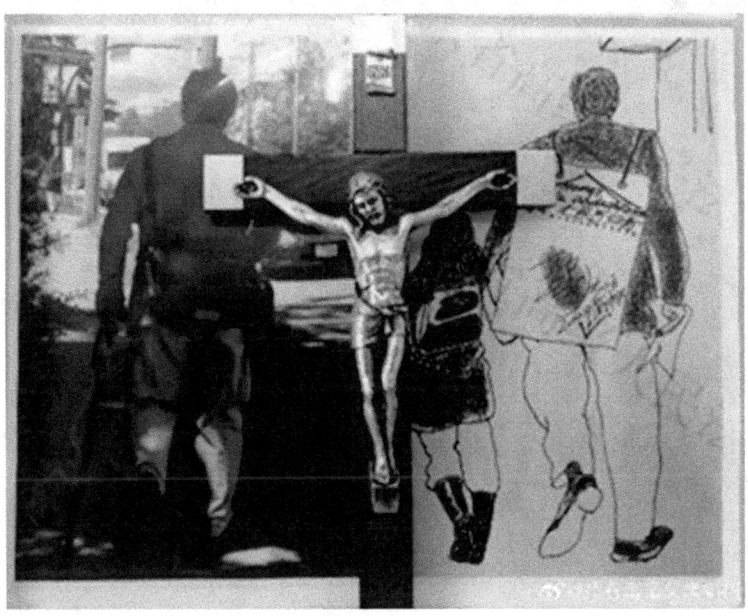

# Préface

Il s'agit d'un cas documentaire, dicté et enregistré par la partie victime concernée, Guo, Li. Toute l'histoire est remplie de hauts et de bas ainsi que de moments déchirants. Le protagoniste, Guo, Li, est passé d'un jeune homme prometteur et en vue à un prisonnier, victime d'un coup monté et d'une incarcération. Après cinq ans d'emprisonnement injuste, Guo a persisté et a finalement rétabli son honneur par ses propres moyens. Ce qui est consigné dans cette histoire, c'est un père courageux, un véritable homme de Pékin en Chine, qui a lutté seul contre un environnement social, culturel et un « système légal » dénué d'état de droit, démontrant son profond amour pour son enfant en tant que père.

La cause de ce cas est que la fille de Guo, Li a consommé une formule infantile contrefaite de marque américaine Scient@ entre 2006 et 2008 à Pékin, fabriquée par une coentreprise sino-américaine appelée Scient Infant Nutrition Co., Ltd. à Guangzhou depuis ses six mois. Parce que la formule était enrichie d'une matière première industrielle, la « mélamine », dépassant de 132 fois le niveau de tolérance, causant de graves dommages à sa fille avec des multiples calculs diagnostiqués dans son système collecteur central des deux reins, accompagnés d'anomalies dans les niveaux de protéines urinaires et les spécifications de la routine sanguine. En tant que père d'un bébé, Guo, Li a intenté des actions en justice contre le fabricant chinois de formules infantiles et son actionnaire Yashily International dans la province du Guangdong, qui se vantait d'être « une SCIENT américaine » (signifiant MISÉRICORDE en anglais) dans des publicités diffusées sur China Central Television. Au cours de ce processus, le fabricant Yashily a collaboré avec les autorités judiciaires du Guangdong pour piéger Guo et sa famille, puis l'a arrêté sur mandat interprovincial ; Guo a ainsi été emprisonné pendant cinq ans pour des accusations d'« extorsion » en violation de la loi chinoise.

Cinq années d'emprisonnement injuste ont conduit le protagoniste Guo, Li de son paradis à l'enfer. Après son incarcération, il a persisté à ne pas plaider coupable et a subi de graves tortures physiques et mentales. La vie en prison suit le harcèlement collectif, les abus, les coups, la faim et la solitude... mais Guo, Li n'a jamais choisi de s'agenouiller. Il est comme un grand arbre, conservant toujours un esprit de combat ferme et une force inébranlables avec une foi inébranlable.

Les victimes de l'incident du lait en poudre empoisonné au mélamine en Chine se comptent par dizaines de millions. L'expérience de Guo, Li était comme une météore brillant tombant des étoiles, perçant l'obscurité ; ses actions ont fait que les parents de cette immense population de familles victimes réduites au silence et leurs enfants devenus adultes se sont sentis honteux les uns après les autres. Mais Guo persiste à lutter seul sur la voie de la défense des droits, ce qui rend son parcours particulièrement grandiose.

Depuis le moment où Guo, Li a été emprisonné par les « forces du mal du lait chinois » jusqu'à sa libération, il a continué à faire appel et à porter plainte contre elles, et a finalement été rejugé deux fois, mis en accusation et acquitté. Ce processus a influencé et promu la sécurité et la reconnaissance de l'ensemble de l'industrie alimentaire chinoise, permettant aux gens du monde entier de mieux comprendre l'environnement chinois et les processus judiciaires connexes. Surtout après son acquittement, il a fermement exigé que les « forces du mal du lait chinois », qui ont collaboré avec des responsables judiciaires pour faire des affaires laitières, fabriquent un cas injuste, et a appliqué l'ensemble de son processus de défense des droits indépendant pour un paquet complet de « compensation d'État Guo, Li » conformément à la loi, ce qui a profondément affecté les professionnels du droit et les autorités publiques à l'intérieur et à l'extérieur, et soulevant une grave question ou préoccupation publique.

En plus d'exposer complètement l'environnement social obscur de la Chine, le cas injuste de Guo, Li a également un impact positif et profond sur la situation de l'état de droit en Chine ! Il a fallu plusieurs années à la Cour suprême, au ministère de la Justice et à d'autres départements concernés pour réviser un certain nombre d'interprétations ou de règlements judiciaires en conséquence. Il s'agit de la seule révision d'interprétations déclenchée par des cas individuels comme ceux des Guo dans l'histoire moderne chinoise ; les résultats de l'affaire de Guo ont un impact profond et de longue portée sur ceux détenus dans les centres de détention, ainsi que sur l'environnement de vie et les préoccupations des droits humains pour des dizaines de millions de prisonniers en service en Chine et à l'extérieur.

# Contenu

Introduction ........................................................................... iii

Remarques de l'auteur............................................................ v

Préface ................................................................................... vii

Chapitre 1 .............................................................................. 1

Chapitre II............................................................................. 20

Chapitre III : ........................................................................ 43

Chapitre IV .......................................................................... 68

Chapitre V............................................................................ 95

Chapitre VI ......................................................................... 162

Chapitre VII ........................................................................ 202

Chapitre VIII....................................................................... 223

Note d'un spectateur ........................................................... 238

Évaluation et Résumé ......................................................... 255

# Chapitre 1

Le scandale du « lait frelaté » éclate en Chine. Guo lutte pour ses droits.

Je suis le père d'une enfant qui fut affecté par l'incident du lait en poudre frelaté à la mélamine, qui éclata à Beijing, en Chine. Je m'appelle GuoLi et ma saga judiciaire prend place lors des évènements scandaleux qui éclatèrent en 2008.

En septembre 2008, la chaîne de télévision chinoise « China Central Television Station (CCTV) », révèle au grand jour un vaste scandale concernant le lait maternisé produit par 22 grandes entreprises laitières chinoises, dont le Hebei Sanlu Dairy Group. L'on découvrit que ces produits contenaient des niveaux excessifs de mélamine, un composé organique, un cristal monoclinique blanc, presque inodore, et cancérigène. On trouve des traces de mélamine dans la production d'engrais chimiques, de cuir, de papier, de bois, de résines synthétiques ou encore dans la fabrication de produits faits de plastique, mais il est toutefois totalement proscrit d'en incorporer aux différents processus de transformation alimentaire ou encore de l'employer comme additif alimentaire.

Les entreprises laitières chinoises susmentionnées et leurs « partenaires sino-étrangers », situés en territoire chinois, ajoutèrent délibérément de la mélamine au lait maternisé pour nourrisson afin d'augmenter la teneur en azote de leurs produits laitiers. Ce procéder leur permet d'augmenter la qualité des protéines contenues naturellement dans le lait en poudre pour qu'elles deviennent des protéines « de qualité supérieure ». Après l'éclatement du scandale, le 8 octobre 2008, le Ministère de la Santé, le Ministère de l'Industrie et des Technologies de l'information, le Ministère de l'Agriculture, l'Administration nationale de l'industrie et du commerce et l'Administration nationale du contrôle de la Qualité, de l'Inspection et de la Quarantaine publièrent conjointement un avis visant à clarifier la réglementation sur l'ajout de mélamine dans le lait et les produits laitiers, à laquelle il fut ajouté une limite de valeur provisoire. Il fut précisé que la quantité maximale de mélamine contenue dans les préparations pour nourrissons ne pouvait excéder 1 mg/kg. Tout produit dont la valeur excéderait 1 mg/kg serait considérée comme un produit de nature dangereuse et ne pourrait se retrouver sur le marché.

L'Administration Générale du Contrôle de la Qualité, de l'inspection et de la quarantaine effectua des tests sur 68 lots provenant de 22 marques connues, dont Sanlu, Yili, Yashily, Mengniu, Scient, Guangming et Shengyuan. Des teneurs excessives en mélamine furent détectées dans chacun des lots. Selon des rapports statistiques encore incomplets à ce jour, des dizaines de millions de nourrissons et de jeunes enfants consommèrent ces préparations et ce lait en poudre frelatés à la mélamine. Pendant un certain temps, les cliniques pédiatriques ambulantes des hôpitaux de la Chine se trouvèrent surchargées de nourrissons et de jeunes enfants intoxiqués par ces produits laitiers contaminés. L'on diagnostiqua la présence de calculs rénaux chez près de 300 000 nourrissons et jeune enfant, ainsi que d'autres symptômes de même nature.

Dès 2006, un incident d'empoisonnement survint au Canada et aux États-Unis, dont le nombre de victimes s'élève à quelques centaines d'animaux domestiques, tous morts d'insuffisance rénale. Il s'avéra que la cause première de mortalité chez un grand nombre de ces animaux domestiques fut la présence excessive de mélamine contenue dans les matières premières employées à la production de leur nourriture. Bien que le siège de ces entreprises se trouva au Canada, ils exportaient la matière première contenue dans leurs préparations de Chine.

Cette crise poussa le gouvernement chinois à fermer certaines installations appartenant aux entreprises alimentaires en Chine et révoqua leurs licences d'exploitation. Toutefois, les

sanctions et le bilan de cette crise ne suffirent pas à alerter les entreprises de l'industrie alimentaire chinoise.
Ainsi, la mélamine fut de nouveau délibérément ajoutée aux préparations pour nourrissons et aux produits laitiers, ces mêmes produits que consommèrent probablement leurs propres enfants. Presque toutes les entreprises laitières, sans exception, furent impliquées dans cet effroyable scandale qui choqua le monde entier.
Que le lait maternisé « American Scient », consommé par ma fille (surnom : Yiyi), figure sur la liste des compagnies exposées par l'Administration générale de la supervision de la qualité, de l'inspection et de la quarantaine est fort regrettable. Ce produit prétendait provenir des États-Unis et l'on trouvait, clairement imprimé sur l'emballage, un drapeau américain ainsi que le nom de l'entreprise, inscrit en anglais. À l'époque, je pensais que je donnais à ma fille une formule de qualité supérieure « importée », mais les inspections menées aléatoirement par L'administration Générale du Contrôle de la Qualité, de l'inspection et de la quarantaine nous dévoilèrent que 4 lots parmi ceux inspectés furent contaminés.
Devant de tels résultats, ma famille et moi-même fûmes pris d'une grande inquiétude. Après de nombreuses recherches et comparaisons, je découvris que le lait maternisé « Scient », celui que ma fille consommait à l'époque, ne fit pas partie des quatre lots inspectés. Je ne me suis jamais senti aussi chanceux.. Vraiment, quel coup de chance ! À l'époque, son actionnaire, Yashily dairy, affirma publiquement qu'à l'exception de ces quatre lots jugés de qualité « inférieure », ceux dont parlaient les médias de CCTV, que les autres lots furent jugés « conformes aux normes de qualité ». Cependant, compte tenu de la croissance et du développement anormal de ma fille, mes inquiétudes et celles de ma famille ne s'estompèrent pas pour autant, malgré ce que pouvaient

affirmer les actionnaires de Yashily à propos de la qualité de leurs produits. Et en effet, il y a un peu plus d'un an, en septembre 2008, nous découvrions avec stupeur que notre enfant présentait tous les symptômes d'un retard du développement : des anomalies manifestes au niveau de son poids, de la couleur de sa peau, de sa taille, de son appétit, etc. Peu après, alors que les médias nationaux et étrangers continuèrent d'exposer le scandale chinois du lait frelaté, nous recevions l'appel d'un hôpital communautaire spécialisé dans la santé maternelle et infantile du district de Haidian, hôpital spécialement désigné par le Bureau municipal de la santé de Pékin, pour accueillir tous les nourrissons et les jeunes enfants ayant consommé des produits laitiers commercialisés par les marques susmentionnées. J'y emmenai immédiatement ma fille pour passer les examens. Les résultats du scanner nous dévoilèrent que « plusieurs échos forts ponctués ont été trouvés et sont visibles dans le système collecteur central des deux reins ». Autrement dit, son urine s'était troublée et elle développait des calculs rénaux ponctués dans les deux reins. Peu de temps après mon arrestation à Pékin, dans la province de Guangdong, par Yashily, mon enfant dû passer un second examen, cette fois à l'hôpital pour enfants de Pékin, tels que l'exigea le bureau de la sécurité publique de Guangdong Chaozhou. Les résultats de ce second test nous dévoilèrent la présence « de protéines anormales dans son sang et son urine » Les résultats des examens que nous remit l'hôpital me firent l'effet d'un coup de tonnerre. Je me suis mariée tard, j'ai eu un enfant tard et je n'ai eu cet enfant qu'autour de mes 38 ans. Ma fille est comme la perle de ma famille. À l'époque, comme je pratiquais le métier d'interprète indépendant (ou interprète de conférence), mon revenu annuel s'approchait du million de yuans, salaire plutôt élevé, et ce même dans une grande ville comme Pékin. Je voulais offrir les meilleures conditions de

vie et de croissance pour ma fille. C'est ainsi que ma famille et moi avions choisi la marque de lait maternisé Scient, la meilleure marque sur le marché des produits laitiers haut de gamme de Pékin (et la plus dispendieuse). Tous les jours, nous voyions passer des publicités pour ces produits sur la chaîne CCTV. Ces publicités nous apprenaient qu'il s'agissait «de produits laitiers importés des États-Unis ».
Cette année-là, la marque Scient, productrice de lait maternisé, bénéficiait de la plus longue et fréquente exposition lors des heures de grande écoute sur les chaînes de télévision de la capitale chinoise, et ce, dans plusieurs grandes provinces et villes chinoises. Même après mon emprisonnement injustifié, il en fut encore ainsi. Parmi les porte-paroles de Scient, l'on retrouvait des acteurs et des actrices de renom, d'anciens directeurs de RENYI dans l'industrie du divertissement, tels que PU Cunxin, JIANG Wenli, YAO Chen et DONG Jie, tous des célébrités fortes influentes ou encore des vedettes chinoises célèbres du PCC ou du cinéma national. À cette époque, personne ne se doutait qu'en plus d'être un faux producteur laitier américain, Yashily ajoutait de fortes doses de mélamine dans ses produits laitiers destinés aux nourrissons et aux jeunes enfants chinois, et ce dans le seul but d'augmenter leur profit malgré tous les dommages que cela ait pu causer. On ne se doutait encore moins qu'une marque jouissant d'une pareille réputation se retrouverait au cœur d'un tel scandale, puis trainée en justice par un simple citoyen comme moi.
Les instructions que nous donnèrent l'hôpital pour enfants de Pékin nous apparurent absolument révoltantes. Ils nous assuraient que leurs médecins ne pouvaient pas et ne disposaient pas de moyens éprouvés, sûrs et efficaces pour traiter les « patients affectés par la mélamine ».. ils ne pouvaient qu'attendre que l'état de mon enfant ne s'aggrave ou

que si nous sentions que ... que quelque chose n'allait pas avec elle, qu'il faillait se rendre à l'hôpital pour un suivi.. Lorsqu'elle se mit à développer des calculs rénaux, ma fille n'avait qu'un an et demi et déjà, son urine contenait des quantités excessives de protéines, nous indiquant que sa fonction rénale avait été gravement endommagée... En tant que père, je n'osais imaginer à quoi ressemblerait son petit corps dans les années à venir, après une telle épreuve ! Quels impacts auraient ces problèmes de santé sur son avenir ? Victime d'un tel préjudice, comment passera-t-elle sa vie future ? Ma famille et moi ne pouvions pas laisser passer une telle injustice sous silence.
De retour de l'hôpital, je fus très inquiet. Ma mère (XinHong) et moi-même avions gardé tous les reçus d'achat et avions même conservé certaines boîtes de lait maternisé frelaté ainsi que quelques emballages du produit Scient de Yashily (États-Unis) consommés par ma fille. Une fois que les examens nous confirmèrent la présence de calculs rénaux, nous apportâmes au bureau de Scient à Pékin le rapport d'examen de santé fourni par un hôpital de Pékin et les reçus d'achat de Carrefour, WU-mart et Wal-Mart. Après quelques embûches, nous découvrîmes que la marque Scient fut, en réalité, une « co-entreprise sino-américaine » spécialisée dans la fabrication d'aliments pour nourrissons, installée à Guangzhou et dont l'actionnaire principal, Yashily International, avait son siège à Chaozhou, dans la province de Guangdong. Leur service-client ne cessait de nous répondre par des faux-fuyants, nous répétant qu'« il ne fallait pas s'inquiéter, monsieur, car votre enfant n'a certainement pas consommé un produit issu de l'un des quatre lots de lait contaminé rappelé par le gouvernement », etc, etc.
« Si vous parvenez à prouver que votre enfant ait bien consommé un produit provenant de l'un des quatre lots

rappelés par le gouvernement, nous (la société Scient) envisagerons de vous rembourser les frais médicaux et d'accorder à la victime une indemnisation appropriée... ». Le service-client nous a bien précisé que nous (entendons, les enfants et la famille de la victime) serions indemnisés en conséquence. À l'époque, la norme d'indemnisation unique établie par la laiterie « SanLu » offrait 30 000 yuans aux patient sévèrement atteints et 2 000 yuans pour laux patients atteints « modérément ». Pour être francs, ma famille et moi ne pouvions accepter une indemnisation aussi déraisonnable et si peu conforme à la loi !

Selon un rapport émis par le ministère chinois de la Santé en décembre 2008, un total de 296 000 nourrissons et enfants furent affectés par le scandale du lait frelaté à la mélamine. Il ne s'agit que d'un nombre approximatif, annoncé après l'enquête officielle. Le nombre véritable d'individus touchés et les données réelles s'élèvent bien au-delà des chiffres officiellement admis. Le nombre véritable d'enfants en bas âge et de familles affectés par l'incident s'élève à des dizaines de millions d'individus.

Après des pourparlers inefficaces auprès du service à la clientèle de Scient concernant l'indemnisation, c'est avec le rapport d'examen de mon enfant et les reçus d'achat de lait maternisé que je me suis rendus personnellement à l'Association des consommateurs de Pékin. Au cours de la réunion, le personnel et le directeur de l'association des consommateurs m'accueillir avec dédain et m'affirmèrent qu'ils ne pouvaient rien pour moi. En discutant avec eux, j'eus l'impression qu'ils ne prenaient pas ce scandale très au sérieux. N'était-ce donc qu'une bagatelle à leurs yeux ! Le directeur s'est montré extrêmement sarcastique et me dit: « Pourquoi êtes-vous si anxieux ? Votre enfant n'est pas la seule à avoir consommé ce lait maternisé. De plus, il n'y a aucune preuve qu'il y a quoi que ce soit de mauvais dans la formule que votre enfant a consommée…' ».

Je condamne de tout mon cœur ce laisser-aller irresponsable dont firent preuve les institutions officielles à l'égard d'une telle infraction commise envers les consommateurs. En même temps, j'ai vite compris qu'ils prenaient la santé et l'avenir des enfants à la légère. Peut-être est-ce parce que leurs propres enfants n'avaient pas encore consommé de ce lait et de ces produits laitiers frelatés ! Lorsque ce genre d'incident ne les concerne pas ou, mieux, qu'ils ne se doutent pas encore que cela les concernera, agissent-ils toujours avec autant de nonchalance ? Ce qui s'est passé ensuite, c'est la capacité de prévarication !

J'appelai ensuite le Bureau municipal de la santé de Pékin, et le directeur de la santé (un homme d'âge moyen) avec lequel je me suis entretenu. Lui aussi m'a répondu qu'ils n'avaient rien à voir avec cette affaire, et à la fin, d'ajouter : « De quoi vous inquiétez-vous ? Il n'y a pas que votre enfant (qui fut affectée). Cet incident a touché de nombreuses familles à travers la Chine. Nous devrons mourir ensemble ! »

Après avoir contacté à plusieurs reprises le bureau de Pékin de la société Guangdong Yashily Scient, l'Association des consommateurs de Pékin, le Bureau de la santé, ainsi que d'autres départements pour me plaindre des injustices contre lesquels je croyais fermement devoir agir, j'eux l'idée de résoudre ce litige par mes propres moyens. Je commençai par soumettre aux tests de qualité et de sécurité alimentaires le lait maternisé qu'avait consommé mon enfant. Cependant, cette initiative connut de nombreux rebondissements et s'avéra plus difficile que prévu.. Au cours de cette période de litige, le représentant du fabricant YSL émit une déclaration d'une extrême impudence : « Vous êtes libre de ne pas acheter nos

produits alimentaires pour bébés.. ». Si votre enfant n'en mange pas, il ne tombera pas malade..., n'est-ce pas ? ».
Au cours de ce processus, j'essayai de contacter, par tous les moyens possibles, les institutions privées et les institutions publiques qualifiées en matière d'inspection des produits laitiers à Pékin ; la plupart d'entre elles rejetèrent ma demande d'inspection privée. Après de nombreux appels et de nombreuses consultations en porte-à-porte sans issue, je trouvai enfin une agence officielle reconnue par l'État disposée à prendre en charge un inspection privée financée par mes soins ; le Centre national chinois de supervision et d'inspection de la qualité et de la sécurité des produits alimentaires.
Dès lors, j'envoyai au Centre les produits pour nourrissons Scient que j'avais gardé, et dont l'un d'entre eux fut produit en mars 2008 par la coentreprise sino-américaine Scient (Guangzhou) Infant Nutrition Food Co Ltd. Quatre tests furent effectués et les résultats furent bouleversants. Les trois « rapports d'inspection » que j'obtins indiquèrent que la quantité réelle de mélamine contenue dans les préparations pour nourrissons fut respectivement de 132,9 mg/kg, 25,5 mg/kg et 36 mg/kg, excédant largement la limite indiquée par les normes de sécurité nationale. La quantité maximale de mélamine contenue dans le lait maternisé ne devrait pas excéder $\leq 1$ mg/kg. Les résultats montrèrent que les dommages et les risques de santé causés par l'excédent de mélamine contenu dans les produits Scient sont sévères et que les conséquences de son ingestion peuvent être fatales.
Pour m'assurer de la probité des résultats, j'effectuai plusieurs autres tests. J'envoyai à plusieurs reprises deux à trois lots d'échantillons de lait maternisé, et je mis à l'épreuve plusieurs lots de lait maternisé Scient qu'avait consommé ma fille. Parmi tous les résultats, l'un des échantillons, le numéro

(GUO) XH0903420, excéda plus de 133 fois la norme de sécurité alimentaire, avec une concentration en mélamine de 132,9 mg/kg. Le coût de l'inspection fut également extrêmement élevé, puisque pour chaque analyse financée par mes soins, le coût variait entre 3 000 à 5 000 yuans et pouvait même s'élever à plus de 10 000 yuans.
Quel choc que de recevoir ces rapports d'inspection officiels d'une institution reconnue ! J'eus d'abord l'impression d'avoir été complètement trompé par Yashily Scient. Je compris, par la suite, qu'ils ne se souciaient que trop peu de la santé des enfants. En admettant publiquement que seuls quatre lots de lait maternisé - ceux que l'on trouvait au centre du scandale exposé par la télévision chinoise -, le fabricant dissimulait la vérité sur les effets néfastes que présentaient ses produits sur la santé des nourrissons. Yashily Scient mentit sciemment en affirmant qu'hormis les quatre lots contaminés, tous les autres furent de bonne qualité et ne présentaient aucune trace de contamination. Il est fort probable que d'autres produits laitiers pour nourrissons soi-disant « exportés des États-Unis » soit aussi impliquée dans des fraudes de même nature. Manifestement, ils ne prenaient pas cette situation très au sérieux et, sans la moindre trace de regret, mettaient en danger la vie des consommateurs pour leur seul profit.
Je pris le <Rapport d'inspection> et je partis à la rencontre, dans son bureau à Pékin, d'un directeur de Yashily Scient (Guangzhou) Companym appelé LiMing. Je lui expliquais que nous avions soumis au Centre d'analyse plusieurs échantillons de lait maternisé issus de lots différents que ceux exposés par le scandale et lui expliquai que l'analyse de ces échantillons dévoilait que les taux de mélamine contenu dans leur produit excédait largement la limite établie par les normes de santé. « Comment est-ce possible ? », me dit-il et je lui remis simplement le « rapport d'analyse ». Après l'avoir lu,

LiMing se retira et fut remplacé par un employé du service des ventes du nord de la Chine.

Je leur posai alors la question suivante : « Pourquoi affirmez-vous qu'à l'exception des 4 lots de préparation contaminée à la mélamine qu'exposèrent les chaines de télévision CCTV, les autres lots de ce produit commercialisé par votre société, Yashily Scient, soient sûrs à 100 % ? J'ai envoyé des échantillons issus de lots différents pour une inspection, et les analyses montrent bien que le taux de mélamine dans presque tous vos lots excède considérablement la limite permise... » Le négociateur de substitution pâlit et se déconfit en entendant cela, m'expliquant qu'« il s'agissait peut-être d'une négligence de la part de notre entreprise.» « Avez-vous d'autres preuves ? », m'a-t-il ensuite demandé, timidement..

J'avais bien mené d'autres enquêtes et collecté de nombreuses preuves. Seulement, lorsque je compris qu'ils ne me traiteraient pas avec sérieux et qu'il fut fort probable que la lutte judiciaire à venir serait remplie d'embuches, je lui demandai : « En plus de ces éléments, quelles sont, selon vous, les preuves manquantes? Que me faut-il encore prouver ? » Il réfléchit un moment et me répondit : « Eh bien, puisque VOUS avez rassemblé ces preuves, nous vous dédommagerons conformément aux normes de l'entreprise « SanLu ». Je peux VOUS dédommager d'un versement unique de 2000 yuans. » Tout en discutant, il me tendait une copie du formulaire d'indemnisation intitulé : « Lettre ouverte aux victimes de Sanlu Dairy Co.> » et me demanda de le remplir dans les plus brefs délais si je souhaitais obtenir une indemnisation.

J'y jetai un coup et lui répondis fermement : « Pardonnez-moi, mais je n'accepte pas cette compensation unique de 2 000 yuans. D'une part, celle-ci ne couvre qu'une infime partie des dizaines de milliers de yuans que nous avions dépensés dans vos produits au cours des dernières années. D'autre part, je dispose désormais de preuves quant aux dommages que peuvent causer vos produits, et dont pâtit aujourd'hui mon enfant ». Dans de pareilles circonstances, la négociation se termina, tout naturellement, en queue de poisson. Malgré tout, cette petite séance fit passer les négociations à la prochaine étape.

Ainsi, je rentrai chez moi et discutai avec ma famille de l'indemnisation que nous réclamerions au fabricant de lait maternisé. Après quelques calculs, nous déterminions que le coût des produits que nous avions achetés par le passé, combinés à celui des analyses s'élevait à 80 000 yuans. En plus du temps et de l'énergie que nous consacrions à la procédure de réclamation et des dépenses que nous prévoyons effectuer pour traiter notre enfant, nous ajoutions une somme symbolique et morale d'environ 500 000 yuans, soit une somme totale de 580 000 yuans. Dès qu'ils prirent connaissance de la somme que nous leur réclamions, les négociateurs de Yashily & Scient nous exprimèrent immédiatement leur refus. Leur contre-offre pouvait se formuler ainsi : « achetez-en un et payez-en dix ». Autrement dit, pour chaque tranche de 10 000 yuans investis dans des produits défectueux, ils ne pouvaient me dédommager qu'à hauteur de 100 000 yuans. Pour cette raison, ils estimèrent que la somme de 580 000 yuans que nous leur réclamions fut injustifiée.

En fait, ma famille et moi-même aurions dû nous douter que les négociations prendraient une telle issue. Que nous ne parvenions à un accord immédiatement ne fut pas bien grave, car j'avais suffisamment de preuves à ma disposition. Si ces négociations ne menaient à rien, je pouvais toujours déposer une réclamation dans le cadre d'une procédure judiciaire à Pékin ou à Guangzhou. Après de nombreuses recherches, nous demandâmes à un tiers parti de se rendre aux États-Unis, où la Scient USA de Yashily Int'l affirme avoir enregistré sa marque et son centre de R&D (recherche et développement), pour y organiser une collecte de preuves supplémentaires.

La lutte pour la reconnaissance de ses droits est toujours fort tumultueuse. Mes amis et mes proches ne manifestèrent aucun optimisme, tout particulièrement mon ex-femme GaoHong et sa famille qui furent « forcées d'abandonner » le plus tôt possible !

« La miséricorde de l'Amérique »... Slogan de la marque Scient diffusé à la télévision centrale chinoise (CCTV)-6, et que diffusèrent de nombreux médias influents chinois.

La campagne promotionnelle pour la gamme de produit alimentaire Scient affirmait que leur formule fut fabriquée, puis commercialisée par Scient (Guangzhou) Infant Nutrition Co. Ltd, une coentreprise sino étrangère soutenue par Scient Int'l Inc, aux États-Unis. Que ce soit dans leurs publicités ou sur leurs emballages, ils garantissaient la qualité supérieure du produit et soutenaient que celui-ci fut préparé avec des ingrédients entièrement importés. Leurs publicités mettaient de l'avant des slogans tels que « Mercy from America, préparé d'ingrédient contenant de l'A+ afin d'améliorer l'immunité de vos enfants et stimuler leur développement cérébral... »

Comme j'étais interprète et négociateur commercial lors de conférences internationales, j'accumulai avec le temps quelques contacts à l'étranger. Mes doutes quant aux activités commerciales étrangères de Yashily International, propriétaire de la marque « Scient » et de sa branche américaine, et dont le siège se trouvait à Guangdong, me poussèrent à lancer ma propre enquête sur les zones d'ombres de cette affaire. En plus d'investiguer à Beijing et Guangzhou en Chine, mes anciens collègues étrangers voyagèrent aux États-Unis à cette fin, et

nous découvrîmes rapidement des anomalies au siège social de Scient USA, que la société Scient prétendait posséder.
Après des inspections *in situ*, des enquêtes téléphoniques et l'obtention d'une réponse manuscrite officielle des autorités américaines de la FDA, nous apprenions que la société « Scient USA » International Inc. susmentionnée fut en réalité une société laitière chinoise nommée Guangdong Yashily (avec un « directeur américain » nommé Frank Lin dans l'État du Texas) dont les dépenses enregistrées n'excèdent pas quelques centaines de dollars, somme partiellement investie dans la maison de Lin à Sugerland au Texas ainsi qu'au 1er étage d'un stationnement à Los Angeles, en Californie ( stationnement abandonné, vacant et dont il ne reste que les vestiges d'un ancien cabinet de comptabilité). Il s'agit en fait d'une société extraterritoriale dont le siège se trouve à Guangdong Yashily, et dont les produits commercialisés par Scient (tous répertoriés dans la base de données de l'USFDA) se limitent à des gants médicaux jetables.
Il s'avéra que cette « coentreprise sino-américaine », située à Guangzhou, dans la province chinoise de Guangdong, ne fut ni habilitée à mener des activités de R&D, ni habileté à préparer et manufacturer des aliments pour nourrissons selon les normes et les règlements édictés par l'USFDA - comme ils l'annoncèrent pourtant dans leurs publicités et sur leurs médias sociaux - et par conséquent ne purent être certifié par l'USFDA. En somme, Scient USA n'est qu'une société extraterritoriale qui, bien que légalement enregistrée aux États-Unis, opère illégalement en Chine, et ce, sans l'approbation de l'USFDA.
Ainsi, ce que promut le principal actionnaire, Yashily, du Guangdong, au sujet de ses actionnaires américains, du centre de R&D, de la nature de ses produits et même de ses ventes à l'étranger, s'avère entièrement faux et constitue un acte de

propagande mensongère. Quant à l'unique directeur général de Scient USA, M. FRANK LIN, je trouvai son numéro de sécurité sociale aux États-Unis et parvins à m'entretenir avec lui au téléphone. Il s'agit, en fait, d'un Américain d'origine chinoise qui immigra aux États-Unis dans ses jeunes années et d'un parent potentiel de Zhang Litian, ancien membre du Congrès national populaire, président de Yashily International lorsque celle-ci fut cotée à la bourse de Hong Kong.

Il convient de mentionner qu'au cours de cette période de recherche, je trouvai le responsable du bureau de l'US Food and Drug Administration (USFDA) en Chine et me suis donc renseigné sur la situation de l'entreprise Scient. L'USFDA, par l'entremise de l'ambassade américaine, nous fit parvenir un certificat, sur lequel l'on pouvait lire : « Une fois que furent vérifiés les registres et que fut analysée la base de données, aucune information sur ladite société « Scient International Infant-food Inc. USA » ne furent trouvés ». Ce fut à partir de recherches menées sur des sociétés semblables, enregistrées sous le nom « Scient », que nous trouvâmes une société nommée « Scient International Inc. USA ». Il ne s'agit pas d'une entreprise de préparations pour nourrissons ou d'une entreprise R&D dans ce domaine, mais d'une société commerciale dont l'unique activité fut de commercialiser des gants médicaux jetables aux États-Unis. Lorsque mes collègues, mes amis et le personnel de l'USFDA se rendirent sur place pour inspecter le bureau national de Scient, tous constatèrent qu'il ne s'agissait pas du tout d'un véritable local commercial et qu'il n'y avait aucune installation adaptée à la production de produits laitiers, mais bel et bien d'une coquille vide, situé à même le stationnement.

C'est dans ce local 2079E, situé au rez-de-chaussée d'un stationnement à Monterey Park, Los Angeles (Californie), que Yashily Scient, dont le siège se trouve à Guangdong (Chine), parvint à enregistrer la société Scient Int'l (Infant food) Inc. À la suite de cette enquête transfrontalière et de ma collecte de preuves, Yashily et sa coentreprise Scient (Guangzhou) à Guangdong se mirent à paniquer et s'adressèrent à moi d'une manière pour le moins inattendue.

## Chapitre II

Yashily prétend négocier un accord d'indemnisation avec
GuoLi pour mieux le piéger

Chapitre II 21

Parmi les marques de lait en poudre qu'exposa le scandale du « lait frelaté », la marque « célèbre » en Chine Sanlu, fut la plus affectée. Après l'explosion du scandale, sa réputation en fut immédiatement entachée et sa présidente, Tian Wenhua, devint la « reine du lait empoisonné » et fut qualifiées de « pécheresse de l'industrie laitière chinoise ». Tian s'exposa à des poursuites pénales, puis fut mise en détention par le département chinois de la sécurité publique après l'exposition du scandale et, conformément à la loi, fut condamnée à la prison à vie par le tribunal local.

Le scandale du « lait frelaté » eut, non seulement, un impact considérable sur l'industrie laitière chinoise, mais également à l'internationale. À l'époque, presque toutes les marques de lait en poudre chinoises furent boycottées par les consommateurs, leurs ventes se mirent à chuter et leur crédibilité en fut entachée à jamais. D'autres produits alimentaires dans lesquels l'on pouvait trouver des traces de lait en poudre furent également impliqués et les compagnies, gravement touchées ; parmi eux, le célèbre chocolat « Golden Emperor » de l'entreprise d'État COFCO ainsi qu'une série de produit de la marque « Cadbury », la plus grande entreprise de confiserie du Royaume-Uni. Ainsi, peu après l'éclatement du scandale, le célèbre chocolat de la marque Golden Emperor chuta de sa deuxième place du classement des ventes de chocolat en Chine. La marque Cadbury, quant à elle, rappela d'urgence plus de dix de ses produits chocolatés commercialisés en dehors de la Chine continentale !

Le déclin de l'industrie laitière s'étendit sur de nombreuses années, et même en 2024, date à laquelle la rédaction de la version chinoise de ce livre tire à sa fin, elle ne semble ni se stabiliser ni même s'améliorer. Encore aujourd'hui, les parents chinois, qu'importe leur classe sociale ou leur situation financière, s'efforcent d'acheter leur lait maternisé de première main ou, par l'intermédiaire d'agents internationaux, sur les marchés voisins de Hong Kong et d'Australie, ou bien encore sur des marchés de détail européens et nord-américains par l'entremise de divers canaux d'échange commercial étranger. On recensa de nombreuses pénuries et de nombreuses ruptures de stock dans les pays ou dans les régions vers lesquels les consommateurs chinois se tournèrent pour acheter leur lait maternisé. Cette forte demande chinoise provoqua une telle déferlante sur les agents d'échange internationaux, que les pharmacies d'Allemagne, de Nouvelle-Zélande, d'Australie, des États-Unis et du Canada, etc. planifièrent des politiques de vente, dont l'une d'elles limita à deux le nombre de boîtes que chaque consommateur pouvait acheter à la fois. Le gouvernement de la RAS de Hong Kong instaura des restrictions d'achat pour les consommateurs de la Chine continentale. Ces règlements stipulèrent que la consommation de lait en poudre par résident ne pouvait excéder plus de deux boîtes de 900 g quotidiennement. Les contrevenants seraient passibles d'une amende de 500 000 HK$ et d'une peine de prison de deux ans en cas de condamnation.

Le raz de marée provoqué par le scandale du « lait frelaté à la mélamine » mit non seulement toutes les entreprises laitières chinoises dans l'embarras, mais déclencha également une vague de luttes et de protestations parmi les familles victimes du scandale. Les médias couvrirent abondamment l'incident de consommation « WeiQuan » et multiplièrent les reportages. La nature même de mon emploi et les nombreux échantillons dont nous disposions me donnèrent, lorsque vint pour moi le temps de défendre mes droits, et ce pendant 16 ans de lutte continuelle, certains avantages dont ne disposèrent pas la majorité des familles lésées. Tout d'abord, ma famille et moi-même avions l'habitude de conserver les factures, dont la date de péremption n'échoue pas avant 3 ans. Nous décidâmes également de conserver des échantillons de tous les produits que nous consommions, tels que le lait maternisé, que ceux-ci soient déjà entamés ou entièrement préservés dans leur emballage d'origine afin de se prémunir contre d'éventuels incidents de même naturel. Il semble que de nombreuses victimes n'avaient en leur possession ni factures ni échantillons de produit « contaminés ». Par conséquent, ils ne disposèrent pas des éléments nécessaires pour mener leurs propres analyses et nombreux perdirent dès lors l'opportunité de défendre efficacement leurs droits et leurs intérêts légaux.

Comme je me lançais de plein pied dans le processus de défense de mes droits et ceux de ma famille, que je maîtrisais bien l'anglais et de mes compétences en matière de négociation, je devins le centre d'intérêt de nombreux médias nationaux et internationaux et les aléas de ma lutte juridique furent également couverts, suivis et analysés par ces mêmes médias, et ce depuis 2008.

Il semble que la couverture médiatique que reçut mon enquête sema la panique chez Yashily et sa coentreprise Scient US à Guangzhou. Une fois que les responsables de Guangdong Yashily Int'l, ainsi que le directeur de Scient GZ Company apprirent que je menais une enquête, que je possédais un certificat rédigé par l'ambassade et le bureau de l'USFDA, ainsi qu'un « rapport d'analyse » certifié, ils décidèrent de me visiter à Pékin et poursuivirent les négociations.

Le 13 juin 2009, je reçus en matinée un coup de téléphone et nos négociateurs respectifs prirent rendez-vous dans un salon de thé, situé au-dessus d'une agence commerciale de la Banque de Chine, à proximité de l'hôtel Cuigong, dans le district de Haidian, à Pékin. Outre le directeur des ventes de la Chine du Nord Duan Genghui, certains membres de Yashily et de Scient participèrent activement aux négociations, notamment Chen Minhui, directeur des affaires extérieures de Yashily Int'l. Certes, nous discutâmes des conditions de ma réclamation, mais il s'agissait avant tout pour eux d'évaluer la somme qu'ils devront débourser pour étouffer l'affaire et de quelle manière ils pourraient tirer parti de cet accord pour coincer ma famille.

Les négociations prirent toute une journée, du matin jusqu'à tard dans la nuit. Duan Genghui, le principal négociateur de la défense, supposément originaire de Taiyuan, dans la province de Shanxi, avec lequel nous nous entretinrent, sortait fréquemment de la maison de thé, parfois pour plus d'un quart d'heure. Son comportement nous parut assez étrange ; pour chaque question que nous lui posions ou pour chaque détail que nous révisions avec lui, il quittait le salon de thé, téléphone à la main. Il nous sembla qu'il entretenait une seconde discussion avec « une tierce personne » à l'extérieur du salon de thé. Lors de ses sorties, nous avions la vague impression qu'une toile meurtrière se refermait contre nous ! Alors même que le salon s'apprêtait à fermer ses portes, nous parvînmes à un accord, accord auquel ils ajoutèrent une clause de confidentialité.

Le somme des réclamations fut négocié à 400 000 yuans. Pour être franc, je suis plutôt mécontent de ce résultat. La santé et l'avenir de ma fille valent-ils seulement ces 400 000 yuans ? Toutes ces procédures légales m'épuisèrent physiquement et mentalement. Pour des agents extérieurs, cette somme pourrait paraître astronomique, du moins, c'est ce que pensa la grand-mère de ma fille, TaoXin ! Après tout, le groupe laitier Sanlu, un bouc émissaire impliqué dans le scandale du lait contaminé à la mélamine, n'offrait aux victimes, comme nous le mentionnions précédemment, qu'une indemnisation de 2 000 à 30 000 yuans. Et s'il fut prouvé que le lait maternisé fut la cause première du décès de l'enfant, la somme versée à la famille s'élevait à 200 000 yuans. À l'époque, même mon ex-femme fut de cet avis : les procédures de négociation provoquèrent une pression énorme sur toute la famille. Mon ex-femme fut si anxieuse qu'elle avorta de notre bébé prématurément. Certes, ma mère XinHong s'inquiéta pour la santé de sa petite-fille, mais elle éprouvait surtout une grande peine devant toute la fatigue que j'endurais à force de m'investir corps et âme à la défense des droits de mon enfant. Encore aujourd'hui, tous les membres de ma famille n'espèrent qu'une chose ; que cette affaire prenne fin définitivement.

Une fois l'accord conclu, les deux parties ouvrirent un compte bancaire enregistré au nom de ma famille, à la succursale de la Banque de Chine, située en dessous du salon de thé. Puis, tout juste avant que la banque ne ferme, la firme Yashily Int'l à Guangdong versa la somme de 400 000 yuans sur le nouveau compte, somme qu'ils transférèrent d'un compte bancaire privé, situé à l'extérieur de Pékin.

À notre accord principal, s'ajouta une clause de confidentialité. Celle-ci stipulait que je ne pouvais rendre publique la somme de ma réclamation. À bien y penser aujourd'hui, il m'apparait évident que les 400 000 yuans que me versèrent Yashily Int'l ne constituait pas une véritable indemnisation, mais qu'il s'agissait plutôt d'une « prime de silence ». Yashily estima que l'indemnisation de 400 000 yuans qu'ils m'accordèrent représentait déjà l'indemnisation la plus élevée qu'ils avaient jusqu'alors accordé à l'une des victimes du scandale. Pour autant que je sache, des dizaines de familles comme la mienne déposèrent des plaintes collectives (集体索赔) contre Yashily. Peut-être ajoutèrent-ils cette clause de confidentialité pour se protéger ? Quoi qu'il en soit, jamais - et peut-être s'agissait-il d'une négligence de leur part ? - il ne fut stipulé que la victime ne pouvait partager publiquement d'autres informations ni qu'elle ne pouvait donner des entrevues aux médias.

Quelques jours plus tard, Yashily Int'l admis officiellement dans les journaux nationaux tels que le Beijing Daily, le Beijing Youth Daily et le Beijing Evening News ou sur Internet - que le lait maternisé Scient qu'elle produisit et commercialisa en Chine ne provenait pas véritablement de l'étranger et admis que sa publicité avait induit les consommateurs chinois en erreur. La société Scient s'excusa publiquement auprès des consommateurs pour son comportement trompeur...

Alors qu'il me semblait que ma lutte touchait à sa fin, le 25 juin 2009, la chaîne de télévision de Pékin « Beijing Youth-Channel » diffusa un reportage sur l'une des victimes de ce scandale, reportage qu'ils nommèrent « Un homme fait courber l'échine à Scient Formula ». Sa diffusion devait changer complètement le cours de ma vie !

Il semblerait que cette année-là (2009) le groupe Guangdong Yashily Int'l, société *holding* derrière la coentreprise Scient Guangzhou, se préparait à entrer en bourse à Hong Kong. Afin de ne pas compromettre son entrée en bourse, Yashily n'eut d'autre choix que de conclure l'accord d'« indemnisation » avec ma famille et de présenter des excuses publiques aux consommateurs et victimes de toute la nation. Au moment-moment, je fournis gratuitement à la cinquantaine de familles victimes du scandale le « rapport d'inspection » des produits que consomma mon enfant, dont le taux de mélamine excédait 133 fois le seuil de tolérance officiellement établi, afin d'appuyer leur recours collectif contre la compagnie Yashily & Scient. Jusqu'alors, l'issu du procès semblait houleux et ils peinaient à défendre leur cause.  Grâce à ce « rapport d'inspection « leurs agents et leurs avocats réussirent à signer un accord d' « indemnisation collective » avec Yashily du

Guangdong, dont la somme s'élevait à plusieurs millions de Yuans.

Cependant, on a appris plus tard qu'une fois les honoraires de l'équipe juridique payés, il ne restait presque rien de l'indemnisation ! Ainsi, la somme véritable remise à chaque foyer variait entre quelques milliers à quelques dizaines de milliers de yuans. De plus, Yashily et Scient stipula dans l'« accord confidentiel » qu'ils conclurent avec l'équipe juridique chargée de défendre les familles qu'il s'agissait là d'une indemnité à versement unique. Malheureusement, ces familles n'avaient pas conservé leurs reçus et ne pensèrent pas – ou bien n'avaient-ils simplement pas les moyens – d'analyser la teneur en mélamine des échantillons de lait maternisé qu'avaient consommés leurs enfants.

Par conséquent, les membres des familles victimes lésées durent se résigner, à contrecœur, et mirent fin à leur recours collectif et cessèrent toutes représailles. Pour un regard extérieur, les indemnités que je reçus doivent lui apparaître bien disproportionné par rapport à celles que reçurent ces familles.

L'indemnisation reçu, je repris mon travail, et ma vie normale reprit son cours. Lorsque le reportage télévisé intitulé « Un homme fait courber l'échine à Scient Formula » fut diffusé, j'eus comme l'impression que ce retour à la normal ne durerait qu'un temps.

Le reportage « Un homme fait courber l'échine à Scient Formula » présentait en détail mon parcours juridique. À la fin du reportage, l'animateur ajouta : « Victime de ce scandale, M. Guo continuera à défendre ses droits ». Ces mots firent paniquer Yashily Int'l. Les 400 000 yuans qu'ils me versèrent constituaient déjà pour eux une somme faramineuse ! C'est, d'une certaine manière, la somme qu'ils déboursèrent pour entrer en bourse dans la RAS de Hong Kong sans scandale.

Cette dernière phrase, qu'avait ajouté la chaîne de télévision de Pékin pour conclure son reportage, donna l'impression à Yashily et Scient que j'abjurais ma parole et que je bafouais, par-là même, l'accord d'indemnisation que nous avions conclu. En réalité, ces mots ne m'appartinrent pas, mais furent simplement ajoutés par la chaîne de télévision. D'ailleurs, ceux-ci se mirent à me suivre et m'interviewer avant même que je ne passe un accord avec Yashily. La production d'un tel reportage nécessite beaucoup de temps ; depuis l'interview, l'enregistrement, le montage, la révision jusqu'à la diffusion, l'on peut compter 6 mois de labeur avant que n'aboutisse le projet. Ce délai de diffusion provoqua un quiproquo et Yashily eut surement l'impression que je revenais à la charge. Je les avais pris au dépourvu avec mon enquête, et ils craignirent que l'accord d'indemnisation qu'ils avaient passé avec ma famille ne parvienne plus à préserver leur entrée à la bourse de Hong Kong d'un nouveau scandale. La diffusion de ce reportage devint la principale preuve lors de ma condamnation pour « extorsion » prononcée par le tribunal de Chaozhou, dans la province de Guangdong. Le département de la sécurité publique et des procureurs de Guangdong considéra ces quelques mots comme ma motivation « criminelle ».
Le reportage diffusé, le groupe Yashily Int'l me bombardèrent d'un nombre incalculable d'appels. Une fois l'accord de « règlement » signé, je croyais que cette histoire se trouvait derrière moi et je m'étais complètement replongée dans le travail. Je n'avais pas le temps de me soucier de tous ces appels. Trois jours après la diffusion du reportage, le 28 juin 2009, Yashily Int'l Group a de nouveau envoyé Duan Genghui, directeur des ventes de Scient North China, auprès de ma famille. Après son arrivée à Pékin, non seulement se rendit-il à mon domicile en personne à plusieurs reprises, mais il nous apporta des cadeaux pour nous témoigner de sa « sincérité ».

Malgré tous ces efforts, nous prenions toujours congé de lui. Duan ne se découragea pas et continua à m'appeler et à m'envoyer des SMS, nous priant d'accepter une seconde rencontre.

Au même moment, la meilleure amie de mon ex-femme, une employée d'AirChina à Pékin, Zhang Lin, fit une apparition pour le moins inattendue. Cette femme restera toujours une épine plantée dans mon cœur, et encore à ce jour, je peine à la nommer ici. Il est possible qu'elle fût, très tôt, de connivence avec le groupe Yashily Int'l, en tant que publicitaire. Au cours de la procédure de défense de mes droits, elle n'a cessé de m'interroger et de me provoquer, demandant à mon ex-femme de prouver mes intentions « criminelles ». Elle se mit à miner notre confiance mutuelle, notre mariage et notre vie familiale. Après mon arrestation par la police du comté de Chao'an, Zhang, elle coopéra pleinement avec la police de la ville de Chaozhou et du comté de Chao'an, dans la province de Guangdong, à la perquisition de mon domicile à Pékin et devint un faux témoin. Ancienne amie de mon ex-femme, Zhang aida Yashily Int'l à monter de toute pièce des charges contre moi et apporta une contribution manifeste à mon emprisonnement.

Le second acteur clé de ce coup monté fut Wu Xiaonan, ancien secrétaire du conseil d'administration de Yashily International Group et conseiller juridique de la société à l'époque. Pendant que Duan Genghui tentait, en vain, d'organiser une séance de négociation, Wu Xiaonan partit seul du Guangzhou, et prit l'avion jusqu'au département de la sécurité publique du comté de Chao'an, dans la ville de Chaozhou, situé dans la province du Guangdong, pour signaler « l'affaire » à la police, en déclarant: « Guo a été interviewé par les médias, menace de créer une situation incontrôlable et d'extorquer de l'argent à nos entreprises ».... Autrement dit, Wu Xiaonan, émissaire du

## Chapitre II

groupe Yashily, se déplaça pour signaler à la police du comté de Chaozhou un évènement qui n'eut pas encore lieu, d'une part, et, d'autre part, choisit d'émettre son signalement à Chao'an, lieu qui n'avait rien à voir avec cette soi-disant « affaire criminelle » en puissance, puisqu'il n'est ni le lieu du crime (à Pékin), ni le lieu où se trouve la victime potentielle (à Guangzhou), ni même le lieu où se trouve le suspect potentiel (à Pékin).

Le 29 juin 2008, j'ai été interviewé par CCTV à l'hôtel Cuigong dans le district de Haidian (Pékin) pour l'émission <People's Stories> ou Baixing Gushi, à ce moment-là, Duan Genghui tenta de me rappeler. Je répondis à un appel de Yashily Scient pour la première fois depuis que nous avions signés l'accord d'indemnisation. Il me dit : « Bonjour, M. Guo. Je suis Duan Genghui, le négociateur de Yashily & Scient. Pensez-vous que nous puissions nous rencontrer aujourd'hui, à Pékin ? ». Je lui répondis : « Non, désolé, je ne peux pas. Je suis avec ma mère, ça ne me convient pas ». Et lui de me répondre : « Alors, prévenez votre mère et rencontrons-nous ». « Pourquoi devrions-nous nous rencontrer ? », lui ai-je demandé. « Nous voulons entendre vos opinions et vos suggestions. Si vous n'êtes pas entièrement satisfaits de votre indemnisation, nous pourrions nous en discuter à nouveau ». Je rejetai encore sa demande.

Le directeur Duan n'abandonna pas et nous passa deux autres coups de téléphone pour nous expliquer que Zhang Litian, président de Yashily & Scient, se déplaçait de la province de Guangdong pour cette affaire et qu'après son arrivée à Pékin, je pourrais leur partager directement mes revendications et celles de ma famille. À cette invitation apparemment sincère, nous nous sommes rencontrés à l'hôtel Cuigong, dans le district de Haidian à Pékin, dans la soirée du 29 juin 2009.

À cette époque, je me confrontai aux appels et aux visites régulières de la société Yashily & Scient. Malgré mes nombreux refus, ils persévèrent dans leur apparente sincérité et, malgré les circonstances, insistèrent pour me tendre un « rameau d'olivier ». Je sentais bien qu'il y avait là quelque chose de louche, mais je n'arrivai pas à mettre le doigt dessus. Au même moment, des journalistes de la chaîne d'information CCTV « People's Stories » (ou Baixing Gushi) filmaient et produisaient un documentaire-portrait sur les aléas de mon parcours judiciaire. L'idée me traversa l'esprit qu'il s'agissait peut-être là d'une occasion pour dédommager pleinement ma famille et mon enfant.

Ce soir-là, ma mère XinHong et moi-même, ainsi que Chen Minhui, directeur des affaires extérieures de Yashily, et Duan Genghui, directeur des ventes de Scient de la région nord, tous deux représentants spéciaux de Zhang Litian, président du conseil d'administration de Yashily International, nous sommes retrouvés dans le hall de l'hôtel. Chen alla droit au but : « Si vous, ou les membres de votre famille, n'êtes toujours pas satisfaits, n'hésitez pas à nous en faire part. Nous sommes prêts à vous écouter et ferons le point » après les incitations répétées de Chen et Duan, je leur posai une simple question : « Yashily & Scient devrait-elle envisager des compensations pour mon année entière de salaire perdue ainsi que pour les frais d'assurance maladie à vie de ma fille ? » Chen et Duan me répondirent qu'ils entendraient toutes nos demandes, mais que nous ne pouvions nous contenter de les formuler verbalement et que nous devrions les formuler par écrit.

À ce moment-là, je n'y réfléchis pas avec grande précaution et leur répondit : « Non, vous pouvez leur demander (à la compagnie d'assurance-vie) et calculerez vous-même le montant de l'indemnisation. Vous n'avez qu'à considérer les

revenus que je n'ai pu toucher l'année précédente, qui s'élèvent à près d'un million de yuans, auxquels s'ajoute une pension à vie pour couvrir les frais de subsistance de notre enfant dont les coûts s'élèveront à plus d'un million de yuans. À cela, il faut ajouter les coûts de l'assurance-vie, nécessaire pour couvrir les frais liés aux complications médicales causées par certaines maladies graves aux reins, au cœur et à l'estomac, dont le coût s'élève à plus d'un million de yuans - ce que nous avons déjà vérifié auprès de la compagnie d'assurance ChinaLife -. La somme totale s'élève à plus de 3 millions de yuans. »
Une fois mes explications terminées, Chen Minhui et Duan Genghui nous demandèrent de rédiger au stylo une liste des indemnisations supplémentaires que nous leur réclamions et d'en justifier les raisons. Une fois celle-ci rédigée et révisée par leur soin, ils nous demandèrent de signer à même la liste. Sur le coup, je n'y ai pas réfléchi et leur dis : « Il n'est pas nécessaire que nous signions, n'êtes-vous pas ici pour nous témoigner de votre compréhension ? Maintenant, vous nous demandez avez insistance si nous désirons ajouter certaines requêtes à l'accord d'indemnité que nous avons déjà passée. Comme nous étions satisfaits, nous pensons qu'il s'agit là d'une simple mise à jour. Quant à l'approbation du montant additionnel, vous n'avez qu'à retourner auprès du conseil d'administration et au président. Il n'est pas nécessaire de signer sur ce point ! » Chen et Duan répondirent fermement : « Non... non... non, si vous ne signez pas ce papier, nous ne saurons pas qui l'a écrit. » Nous pensions alors que ce qu'ils affirmaient était juste... Après quelques demandes insistantes, ma mère XinHong et moi décidâmes d'apposer notre signature sous la liste.
Par la suite, ces demandes et les documents que nous avions signés devinrent des preuves importantes pour prouver mes «

tentatives d'extorsion ». Le contenu du premier rapport de police établi par Wu Xiaonan, conseiller juridique de Yahily & Scient Companies, se constituait des derniers mots du reportage diffusé sur la chaîne de télévision de Pékin : « *Guo a affirmé qu'il continuerait à défendre ses droits...* », en plus des enregistrements téléphoniques et des enregistrements pris avant et après la négociation de la réclamation, ainsi que la liste des réclamations supplémentaires signée par ma mère et moi-même.

De toute évidence, ces preuves ne remplissaient pas les conditions nécessaires pour me condamner pour « extorsion ». Comme ils ne purent déposer de plainte, Chen Minhui et Duan Genghui, ainsi que leur avocat Wu Xiaonan, durent coopérer avec la police du comté de Chao'an, dans la province de Guangdong. Le 1er juillet 2009, Duan Genghui prit l'initiative de m'appeler à quatre reprises et de m'envoyer des SMS.

Le lendemain, Duan Genghui m'envoya un autre message texte, m'appela à deux reprises et me pria à de nombreuses reprises de le rencontrer. Nous nous sommes donc retrouvés à l'hôtel Yuantong, dans la rue Ping'an, sur le deuxième périphérique Ouest de Pékin. Sur l'insistance de Chen Minhui et de Duan Genghui, moi et ma mère avions rédigé une liste de demandes additionnelles dont la somme totale s'élevait à 3 millions de yuans, demande à laquelle fut jointe une liste de justifications détaillée. J'énumérai ainsi la perte de mon revenu lors de la dernière année, l'assurance maladie et la pension à vie de mon enfant.

Une telle demande additionnelle, fort raisonnable compte tenu des circonstances, ne peut faire l'objet d'une affaire criminelle si l'on se rapporte aux critères applicables aux affaires pénales enregistrées par le poste de police locale..

C'est sans doute sous la direction des officiers de police du comté de Chao'an que le lendemain, le 3 juillet 2009, Duan

Genghui nous renvoya un texto et nous appela pour nous rencontrer de nouveau à l'hôtel Yuantong afin que nous rédigions un nouveau document. Le 4 juillet, que Duan Genghui m'invita à poursuivre les négociations au même hotel et me demanda de réviser, puis compléter les documents relatifs à l'indemnisation. Le 5 juillet, Duan Genghui et moi poursuivîmes les démarches entamées quelques jours auparavant. Au même moment, alors que nous rencontrions un autre négociateur nommé Chen Minhui, Duan Genghui se précipita dans le comté de Chao'an avec les documents que ma mère et moi avions rédigés et signés, ces soi-disant preuves de ma tentative d'extorsion, documents qu'il soumit à la police du comté de Chao'an.

Le 6 juillet 2009, un autre acteur clé dans l'« affaire d'extorsion Guo Li », Zhang Litian, président du groupe Yashily International et membre du Congrès national du peuple chinois, passa du derrière au-devant de la scène. Nous eûmes deux conversations téléphoniques avec lui entre les périodes de négociation.

Quelque temps après ces appels, Zhang Litian se rendit en personne au département de police de sa ville natale, dans le comté de Chao'an, pour y remettre, comme preuve de mes tentatives d'extorsion, les enregistrements de nos conversations téléphoniques.

Au cours de la semaine du 29 juin au 6 juillet 2009, comme les preuves recueillies par Yashily Int'l n'étaient toujours pas suffisantes pour que le département de la sécurité publique puisse me condamner, il incita ma famille et moi-même à formuler une nouvelle demande d'indemnisation. C'est ainsi qu'en « toute bonne foi » que Duan Genghui entama, pour la énième fois, des négociations avec ma famille et nous exhortèrent à plusieurs reprises de formuler par écrit une nouvelle demande d'indemnisation additionnelle. Ils

répétèrent à maintes reprises que plus les motifs de notre demande d'indemnisation seraient exhaustifs, touchants et profonds, plus la somme que nous toucherions serait élevée.
Le 7 juillet, Duan Genghui et ma famille nous sommes retrouvés à l'hôtel Yuantong de Pékin. Sur les conseils des enquêteurs corrompus de la police locale et de Wu Xiaonan, conseiller juridique de Yashily, Duan Genghui redoubla d'ingéniosité et mit à profit ses talents de négociateur pour nous inciter à ajouter à notre demande un autre motif. Celui-ci concernait les symptômes d'anxiété sévère qu'éprouva mon ex-femme, GaoHong, au cours des mes aléas juridiques, et l'avortement inattendu que provoquèrent ses symptômes. Ce motif ajouté à la déclaration, ils estimèrent que les « preuves » pour déposer une plainte « pénale » contre moi furent suffisantes. Le lendemain, Duan repartit donc immédiatement de Pékin pour le comté de Chao'an, dans la province de Guangdong, et soumit à la police les dernières et nouvelles « preuves d'extorsion » qu'il put recueillir auprès de nous.
Pendant exactement 10 jours, ils feignirent de négocier avec nous puisqu'ils avaient déjà soumis leur dossier à la police. Ensuite, afin de s'assurer qu'ils respectèrent bien les normes et les conditions nécessaires pour déposer une plainte contre moi, ils changèrent leurs stratégies de négociation, afin d'ajouter et peaufiner le dossier et les preuves de notre soi-disant tentative « extorsion ».
Deux jours plus tard, le 11 juillet 2009, Duan Genghui me recontacta pour que nous fassions le point sur l'indemnisation. Le 18 juillet, il nous téléphona à trois reprises et transmit immédiatement les enregistrements à la police du comté de Chao'an.
Alors que Duan Genghui revenait à Guangzhou, j'assistais, en tant qu'interprète, à la négociation d'un contrat d'achat de panneaux solaires pour l'Amérique du Nord avec les

représentants d'une entreprise américaine dans les villes de Shanghai, Hangzhou, Suzhou et Wuxi. À ce moment-là, Duan m'appela à de nombreuses reprises pour me demander de le rencontrer à nouveau. Le 21 juillet, il insista pour que nous nous fixions un rendez-vous. Je lui répondis que j'étais présentement en voyage d'affaires et qu'il restait encore plusieurs haltes à mon voyage. Il me répondit que cela n'avait aucune importance, et que nous pourrions, malgré tout, tenter de nous fixer un rendez-vous. Nous déterminâmes à deux reprises un lieu et une heure, mais pour une raison que j'ignore, Duan, jusqu'alors si ponctuel et zélé, ne se présenta pas aux rendez-vous. En outre, Duan ne se montrait pas aussi enthousiaste qu'auparavant et trouvait toute sorte de raisons pour me contacter. Comme j'étais très occupée, Duan ne parvint pas, malgré ses tentatives répétées, à prendre rendez-vous avec moi. Cet imbroglio commençait à m'épuiser, et je me suis finalement mis en colère contre lui et lui dit quelque chose du genre : « Si vous ne nous dédommagez pas, j'en parlerai aux médias et je contacterai l'Organisation mondiale de la santé... ».

Le 22 juillet au soir, Duan Genghui et moi-même avions prévu de nous rencontrer au Holiday Inn du district de Xiacheng, à Hangzhou, dans la province du Zhejiang, et avions convenus qu'il nous remettrait le lendemain, à ma mère et moi, les trois millions de yuans tels qu'il le fut précisé dans notre demande d'indemnisation additionnelle.

Ce soir-là, ma mère XinHong, mes collègues américains et moi-même sommes sortis de l'hôtel pour prendre une petite collation. La collation s'étendit jusqu'au petit matin.. Sur le chemin du retour vers l'hôtel, au milieu de la route de Hangzhou, ma mère et moi avons furent interpellés par deux voitures qui roulaient rapidement dans notre direction. Comme nous étions en pleine nuit , nous n'arrivions pas à identifier nos agresseurs. Très rapidement, plusieurs personnes se précipitèrent hors des voitures, nous encerclèrent, me saisirent les mains, me passèrent les menottes et me dirent : « Vous êtes en état d'arrestation, venez avec nous ». Ils m'escortèrent jusque dans la voiture. Ce n'était pas une voiture de patrouille policière, les « agents » ne portaient pas d'uniforme et jamais ils ne me montrèrent leur matricule. Au même moment, je vis ma mère crier de détresse, complètement paniquée par cette intervention si soudaine.

Elle criait dans les rues de Hangzhou : « AIDEZ-MOI, venez sauver mon fils ! ». Comme ma mère pleurait et criait, les policiers en civil l'interpellèrent et prirent son sac à main, dans lequel elle gardait sa médication. L'on m'arrêta et m'emmena dans un grand centre de détention, au Bureau de la sécurité publique du district de Xiacheng à Hangzhou. Ce n'est que lorsque les policiers de la salle d'interrogatoire, à la suite de ripostes et contestations acharnées, rendirent la trousse à ma mère, toujours en état de panique dans la rue, qu'elle comprit qu'il s'agissait de la police de Hangzhou, de la province du Zhejiang, et de la police des comtés de Chaozhou et de Chao'an, dans la province du Guangdong. En fait, la police de Hangzhou a pleinement coopérée avec celle de la province du Guangdong pour venir m'arrêter dans la province de Zhejiang. La veille de mon arrestation, il y eut une éclipse solaire totale, la ville de Hangzhou se trouvait dans l'obscurité totale.

Au centre de détention du bureau de la sécurité publique du district de Xiacheng à Hangzhou, la police du Guangdong m'interrogea pendant la nuit. Ils me dirent qu'ils souhaitaient m'emmener de Zhejiang vers la province de Guangdong parce que l'on me soupçonna d'avoir extorqué Yashily et Scient à cet endroit ; en échange, ma mère XinHong pourrait retourner à Pékin. Le lendemain soir, l'on me menotta et quatre policiers du Guangdong m'escortèrent jusqu'à l'aéroport Xiaoshan de

## Chapitre II

Hangzhou, dans la province du Zhejiang. Dans l'avion en direction de la province de Fujian, pour mieux me contrôler, quatre policiers m'encerclèrent dans la dernière rangée. Pendant cette période de transfert, je ne fus autorisé ni à manger, ni à boire, ni même à aller aux toilettes. Quelques heures plus tard, notre avion arriva à l'aéroport international de Xiamen, dans la province du Fujian et dès que l'avion se fut posé, sept ou huit autres officiers en civil vinrent m'escorter dans une camionnette spécialisée. C'est ainsi que j'ai été emmené, « comme par magie », de la province de Zhejiangm à Chao'an County, dans la province de Guangdong, lieu dont je n'avais jamais entendu parler. Sur le chemin vers Chao'an, un policier me dit : « une fois arrivée à destination, coopérez avec nous pendant trois à cinq jours, et une fois votre cas clairement examiné, vous serez libéré conformément à la loi ».

Après m'être fait arrêté, puis emmené au Bureau de la sécurité publique du comté de Chao'an, dans le Guangdong, j'ai de nouveau été conduit dans une salle d'interrogatoire complètement isolée. Comme il n'y avait aucune fenêtre dans cette pièce, je ne parvenais plus à distinguer le jour de la nuit. Un jour, une équipe de policiers me demanda de m'asseoir sur une chaise TIGRE, chaise sur laquelle les tortures et les actes les plus inhumains prennent toujours place. À cinq mètres de moi, près de la table d'interrogatoire, les agents des forces opérationnelles attendaient déjà, assis.

L'interrogateur me révéla qu'il s'agissait de policiers de la brigade d'enquête criminelle du comté de Chao'an, dans le Guangdong. J'étais quelque peu confus et lui demandai : « Où se trouve Chao'an ? ». Comme je suis originaire de Pékin, je connaissais le district de Chaoyang, situé à Pékin. Instinctivement, je pensais que Chao'an se situait dans le district de Chaoyang, d'autant plus que l'affaire devrait normalement se dérouler sous la juridiction de Pékin qui a compétence sur moi. Je leur ai donc demandé : « Chao'an fait-il partie de Chaoyang ? ». L'interrogateur sembla surpris devant tant de confusion et me répondit : « Ici, nous sommes dans le comté de Chao'an, à Chaozhou dans la province du Guangdong ». J'ai alors répondu : « Chaozhou ! mais, je ne suis pas au bon endroit ! Qu'ai-je avoir avec Chaozhou ? » Ils me répondirent que les représentants de Yashily s'étaient présentés à la police de Chao'an parce qu'ils me soupçonnaient d'extorsion, qu'ils avaient accepté de prendre leur déposition et traiter cette affaire en conséquence. Un autre officier me menaça en me disant : « Guo, ici c'est notre territoire de contrôle de ChaoShan, tu ne peux pas t'enfuir cette fois-ci ».

À l'époque, je ne savais pas que l'entreprise Yashily Scient Joint-Venture fut enregistrée et opérait à Guangzhou, capitale de la province de Guangdong. Ils déclarèrent pourtant que j'avais commis mon crime d'extorsion à Pékin.. Dans une pareille situation, qu'importe l'angle juridique sous lequel vous considérez cette affaire, elle ne devrait pas se trouver sous la juridiction du comté de Chao'an et de ses institutions juridiques. L'ensemble de la procédure de traitement fut mené illégalement et sans fondement. Je pensais simplement qu'on avait mobilisé la police interprovinciale pour mon arrestation et tant que je coopérais avec eux et tant que je m'expliquais et me défendais avec clarté, tout rentrerait dans l'ordre tôt ou tard.

Dans cette salle, il m'était absolument impossible de distinguer le jour de la nuit. Les enquêteurs furent divisés en plusieurs équipes et me firent passer des dizaines d'interrogatoires en continu, sans qu'on me laissât manger, boire, aller aux toilettes et dormir. Les questions qu'ils me posèrent furent toutes liées à mes précédentes altercations avec Yashily. On m'interrogeait, par exemple, sur le dossier médical de mon enfant, sur la manière dont je l'avais élevé, sur les commerces chez lesquels nous avions acheté ce lait maternisé, sur quelle période l'enfant avait-il consommé ce produit, sur ce que nous avions dit à Yashily, sur ce que nous avions dit à Scient Company, sur ce que nous avions dit aux médias, aux journalistes, aux reporters et à notre entourage. À ces questions s'en ajoutèrent d'autres, sans lien apparent avec Yashily Int'l ou Scient Company. L'interrogatoire s'étendit sur deux jours et deux nuits. Pendant cette période, l'on me menotta de la tête aux pieds sur la chaise chinoise TIGER et, encore une fois, l'on m'empêcha de manger, de boire, d'utiliser les toilettes et même de dormir.

Une fois l'interrogatoire mené par le bureau local de la sécurité publique terminée, on ne me libéra pas comme je l'espérais, mais l'on m'emmena plutôt au centre de détention du comté de Chao'an. On m'enferma seul dans une petite cellule d'une superficie d'environ 1,5 mètre carré et d'une hauteur de 6 mètres. Il n'y avait qu'un seau en plastique pour y mettre de l'eau et une toilette de fortune, ainsi qu'un bol et une cuillère en plastique qu'ils me vendirent pour 50 yuans. J'étais pieds et mains liées, menottées par des chaînes de dix kilos, lesquelles étaient fixées au sol et m'empêchaient de me déplacer librement à l'intérieur de la cellule. Il y avait aussi une caméra vidéo, juchée à 3 mètres au-dessus de ma tête, et par laquelle je pouvais communiquer avec le centre de détention. Chaque fois que je faisais un signe de la main ou que je criais devant la caméra, un haut-parleur s'adressait à moi.

Une fois arrivé au centre de détention, je réalisai que cette affaire ne serait aussi simple que je l'avais imaginée. Je repensais au processus de négociation, à mon arrestation, puis mon extradition à travers les provinces de Hangzhou à Xiamen, puis de Xiamen à Chao'an. S'il ne s'agissait que d'une simple enquête de routine, les choses ne se passeraient assurément pas comme ça et il ne s'agirait pas d'un aussi GROS combat !

Dès qu'on me fit sortir du centre de détention, les agents correctionnels et les suspects criminels du centre de détention n'attendirent pas pour m'agresser verbalement, puis ils m'encerclèrent et me lichèrent, m'attachèrent, m'empêchèrent d'acheter les biens essentiels et limitèrent ma consommation de nourriture. Ce sont là des traitements qu'ils me firent subir couramment durant mon séjour en prison. Mon traitement dans le centre fut d'une extrême inhumanité et d'une grande violence ; j'arrivais à peine à me sustenter avec ce riz moisi et cette soupe de poisson sans goût. Je fus exploité tant par les gardiens que les prisonniers pendant cette période pénible. Je ne voyais ni la lumière du soleil, ni trace d'humanité dans les cellules, et tout se trouvait hors de mon contrôle. Pris d'une anxiété et d'une solitude extrême, chaque jour, je peinais à me remonter le moral. Pour y parvenir, je chantais des chansons et me suis mis à me parler en anglais. Pendant longtemps, j'ai été détenue en isolement, y compris avant et après avoir été condamnée à tort à la prison de Guangdong Jieyang à deux reprises.

Même dans ces circonstances extrêmement cruelles, je continuais à croire qu'il y avait pour moi une échappatoire. Une fois qu'on réviserait mon cas, je serai acquitté par le tribunal, pensais-je, car jamais je n'avais bafoué la loi chinoise.

# Chapitre III

Emprisonné, torturé, Guo refuse malgré tout de plaider coupable et passera 5 ans derrière les barreaux.

Comme je refusais de plaider coupable, je fus placé sous isolement dans une petite cellule sombre du centre de détention du comté de Chao'an pendant deux semaines, avant que l'on me transférât dans une prison « conventionnelle ». Dans cette prison, la cellule mesurait environ 40 mètres carrés et accueillait plus de 30 suspects. Comme dans les séries policières, la prison locale se trouve sous la tutelle d'un « chef des détenus » nommé par le gouvernement. La police du centre de détention aurait dû informer le chef des prisonniers à l'avance que, selon le règlement du centre, comme j'étais un nouveau détenu, le chef devait me fournir une sorte de « traitement spécial », mais à peine arrivé, il me relégua les tâches des autres prisonniers, comme nettoyer les toilettes. Si je désobéissais ou si je tardais à agir, l'on me violentait physiquement, l'on me privait de nourriture et il arrivait qu'un groupe de prisonniers me passât à tabac pour me punir.

Pendant les pauses, j'ai voulu entamer quelques préparatifs en vue de mon procès. Les quelques pages de papier vierge et les recharges de stylo à bille furent strictement rationnées par le centre de détention. Pendant cette période, moi et les autres prisonniers fûmes forcés de travailler dans des ateliers de perlage, de fabrication de jouets pour enfants et d'accessoires de chaussures à talons hauts pour dames, pour des entreprises d'exportation. Comme je refusais d'y participer, on me priva des rations de nourriture supplémentaires quotidiennes, de mes achats en nourriture mensuels et l'on m'empêcha de prendre des compléments alimentaires. Bien après ma sortie du centre, je rencontrai par hasard un ex-détenu qui fut emprisonné dans le même centre que moi pendant plusieurs années. Il me dit : « Li, lorsque nous étions dans le centre de détention, nous pouvions facilement acheter du papier, des recharges et les utiliser à notre guise. Mais du jour au lendemain, à l'exception du chef des prisonniers, il fut interdit aux 20 prisonniers de la cellule de se procurer ce papier et ces recharges. Je pense que cette nouvelle règle fut instaurée après votre arrivée. Vous avez eu une grande influence sur l'environnement carcéral. »

Dans le centre de détention, il arrive que les prisonniers communiquent entre eux, en privé. Pour des raisons que j'ignore, certains d'entre eux, y compris le chef, venaient me voir personnellement, et me répétaient à l'oreille : « Guo, oublie ça, tu ferais mieux de plaider coupable dès que possible, autrement tu en souffriras beaucoup ». Au cours de l'interrogatoire, les officiers de police de la brigade d'enquête criminelle et les procureurs du parquet me menacèrent en me disant : « Guo, nous ne t'avons certainement pas arrêté à tort, tu ferais mieux de l'admettre et de plaider coupable » ou encore « sois intelligent et bats-toi pour obtenir une meilleure peine ! Montre ta bonne volonté et tente d'obtenir une peine mineure. Il vaut mieux rentrer chez toi avec une peine réduite ». Je croyais fermement que je n'avais rien à me reprocher, bien qu'en tant que père, je me sentis coupable envers mon enfant. Toutefois, en tant que consommateur, la responsabilité n'incombe pas du tout à ma famille, mais bien au manufacturier, Yashily & Scient.

Le 20 novembre 2009, le tribunal populaire du comté de Chao'an tint un procès sur mon affaire d'« extorsion ». En raison de la visibilité qu'eut l'incident du « lait frelaté à la mélamine » en Chine, mon procès déclencha immédiatement une vague de protestations publiques. Les gens se demandèrent « pourquoi donc un consommateur lésé à Pékin se retrouvait devant le tribunal du comté de Chao'an, dans la province de Guangdong, plutôt qu'à celui de Pékin ou celui de Guangzhou, où s'y trouve le siège de l'entreprise Scient ». Mon enfant consomma de ce lait maternisé produit par Scient, qu'ils commercialisèrent comme un lait maternisé d'origine américaine. Yashily n'est que l'actionnaire majoritaire de la coentreprise Scient à Guangzhou et Scient Guangzhou Company et Yashily Int'l Group sont deux entreprises distinctes. Alors pourquoi traitèrent-ils mon dossier dans un petit comté, très loin de Guangdong et de Pékin, et non pas à Guangzhou, où se trouvait le siège de la marque Scient avec laquelle nous avions négocié l'indemnisation ? .

En fait, toute cette procédure d'enquête fut menée illégalement et le jugement qu'ils prononcèrent fut infondé. Ils s'y prirent de la sorte pour des raisons, ma foi, évidentes : le comté de Chao'an, dans le Guangdong, est la ville natale de Zhang Litian, membre du CNP et patron de Yashily International. Ainsi, comptèrent-ils influencer les institutions judiciaires du comté de Chao'an. À Guangzhou, ville d'une certaine importance en Chine, les institutions judiciaires, que ce soit la sécurité publique, les parquets, les tribunaux ou bien les centres d'internement carcéraux, traitent leurs dossiers avec une certaine probité et peut-être même les traitent-ils « équitablement ».. Guangzhou n'est pas aussi excentrée et isolée que le comté de Chao'an, dont certaines institutions emploient même la torture pour contraindre leurs détenues à plaider coupable. Devant les conversations qu'avait enregistrées Yashily & Scient et aux documents qu'ils me firent signer, j'éprouvais une forte colère et ne parvins à me défendre efficacement. Quoi qu'il en soit, mon processus de défense suivait son cours. Oui, il n'y avait aucun doute à ce sujet.
Le plaignant de Yashily&Scient m'avait contacté à de nombreuses reprises pour que nous négociions l'indemnité et m'encouragea à modifier les conditions et les exigences que nous avions précédemment conclues, en m'exhortant d'en respécifier le contenu d'une manière aussi détaillée que

possible. Tout au long de ces procédures, ils nous menèrent délibérément en bateau. Ils s'assurèrent que nous, victimes de ce scandale, apparaissions de telle sorte qu'il sembla que nous cessions de leur réclamer des sommes toujours plus élevées et de compensations apparemment infondées. Ce n'est qu'au cours de mon procès que je compris que Yashily&Scient n'avait pas souhaité véritablement négocier une indemnisation avec nous, mais qu'il s'agissait plutôt là d'un stratagème monté de toutes pièces par leur soin! Ce stratagème consistait d'une part à saboter mon processus de défendre mes droits et ceux de ma famille et, d'autre part, à me dissuader d'exposer ce scandale aux médias pour que leur entrée à la bourse de Hong Kong n'en soit pas affectée.

Entre le moment où l'on m'arrêta et le premier procès au tribunal, il s'écoula un peu plus de trois mois. Compte tenu de la complexité du dossier, de l'importance de la somme qu'on m'accusa d'avoir tenté d'« extorquer », des antécédents de l'entreprise Yashily&Scient, de l'intérêt qu'accordèrent les médias à cette affaire ainsi qu'une multitude d'autres facteurs, mon procès fut clos en un rien de temps. Il suffit de comparer mon cas à d'autres cas de même nature pour s'en rendre compte. On peut supposer que le groupe Guangdong Yashily et la société Scient US voulurent clore ce dossier aussi vite que possible afin d'apaiser l'opinion publique et éviter l'avortement de leur entrée en bourse à Hong Kong !

Le 8 janvier 2010, le tribunal du comté de Chao'an, dans la province de Guangdong, déclara que les moyens employés par l'accusé GuoLi pour rapporter l'affaire aux médias déformèrent la réalité et mettaient à mal les efforts sincères que Yashily Int'l Group et Scient Guangzhou déployèrent afin de se bâtir un crédit boursier, et que ces actions suffisaient à porter atteinte à leur réputation, à affecter le cours de leurs activités et à susciter la crainte au sein de deux entreprises. Par conséquent, il convient de déclarer que le défenseur Guo a sciemment commis un acte de coercition selon le droit pénal chinois.

Le tribunal utilisa aussi l'enregistrement des négociations entre les deux parties et le témoignage de mon ex-femme GaoHong et de sa « GuiMi », une amie appelée ZhangLin, comme principaux éléments de preuves. Le tribunal de première instance me reconnut coupable d'extorsion et je fus condamné à cinq ans de prison.

Avant que le verdict ne soit rendu, je m'étais préparé au pire, mais je ne m'attendais pas à ce que le tribunal de Chao'an rende un verdict aussi arbitraire que je contestai et entrepris de porter le jugement en appel. Le 5 février 2010, quelques jours après que le jugement fut porté en appel, l'avocat de ma défense au tribunal de première instance, Gong Sunxue, tenta de prévenir le tribunal intermédiaire de Chaozhou que la déclaration d'appel de Guo Li fut sur le point d'être déposé au tribunal de deuxième instance. Cependant, le tribunal intermédiaire de Chaozhou n'en informa ni ma famille ni l'avocat et le jugement de deuxième instance fut rendu alors que je m'apprêtais à remettre ma demande de révision et le jugement initial fut reconnu et approuvé. Autrement dit, ma demande de révision fut entravée et le procès de seconde instance se termina précipitamment, sans même que l'on prit le temps nécessaire de considérer ma demande de révision et les procédures légales pour traiter ma demande ne furent pas appliquées.

« Guo Li n'avait ni l'intention d'acquérir illégalement ni les moyens de mettre en œuvre des menaces ou d'exercer une quelconque forme de coercition. Sa demande d'indemnisation se fonda, d'une part, sur les comportements fallacieux de la société Scient JV et, d'autre part, sur les incitations répétées du groupe Scient&Yashily et, par conséquent, repose sur une base juridique solide. Par conséquent, le délit d'extorsion ne peut être établi ». Lors d'une entrevue, mon avocat déclara qu'il pensait que le tribunal intermédiaire de Chaozhou n'avait « même pas eu le temps » d'examiner les dossiers et qu'il avait rendu un jugement hâtif, un signe évident de mauvaise foi.

Les prisonniers et les détenus du Centre me conseillèrent, après que je passai le jugement de première instance en appel : « Guo, il vaut mieux ne pas faire appel. C'est inutile et tu perdras ton temps. » Une fois que le tribunal confirma hâtivement la peine initialement prononcée, les mêmes détenus tentèrent de me persuader à nouveau : « Guo, cesse de tergiverser, et va en prison dès que possible. Va en prison, plaide coupable et accepte la peine du tribunal. Si tu te comportes bien là-bas, ta peine sera réduite, ils retrancheront peut-être jusqu'à un an et demi de ta peine et dans trois ans, vous pourrez sortir. »

Ce n'est qu'en persistant à refuser de plaider coupable que je saisirai l'opportunité de reporter le jugement en appel une nouvelle fois et d'obtenir gain de cause. J'ai donc demandé à mon avocat d'informer les membres de ma famille que, lorsqu'ils passeraient me rendre visite à la prison de Jieyang dans le Guangdong, qu'ils rédigent, tous les mois, une lettre d'accusation et de plainte aux départements concernés en mon nom.

Et c'est ainsi que mon dossier fut injustement traité. Même s'il y eut des tensions entre moi et Yashily Scient Companies, il s'agit malgré tout d'un procès civil. Or, non seulement ce procès civil se transforma en procès pénal, mais le parti du bien et celui du mal furent inversés, et la victime devint bourreau. Devant une telle situation, que je ne pouvais que décrier, il ne me restait plus qu'à persister consciencieusement dans ma lutte. Juste après que ne prenne fin le mois de février 2010, le Nouvel An lunaire chinois, l'on m'emmena à la prison de Jieyang depuis Chaozhou dans la province de Guangdong et c'est ainsi que je commençai à purger ma peine. Il ne me restait plus qu'à reporter le jugement en appel. Au même moment, Gong Sunxue, mon avocat de première instance, dévoila les détails de mon procès aux publics ainsi qu'aux médias.

Une fois envoyé à la prison de Jieyang, dans la province de Guangdong, j'ai d'abord été placé dans la section de formation intensive pendant un mois. Cette section de la prison s'étend sur cinq étages, chacune d'entre se divise entre 2 ou 5 parties, chaque partie comporte 5 à 6 cellules, et chaque cellule peut accueillir jusqu'à 14 prisonniers. Comme je refusais de plaider coupable, les gardiens, le chef de la cellule ainsi que les militants du PCC parmi les détenus m'infligèrent des blessures physiques, des châtiments corporels, me privèrent de repas et employèrent d'autres mesures de torture. Je n'avais, par exemple, pas le droit d'aller aux toilettes comme les autres prisonniers, je n'avais droit qu'à 3 ou 4 heures de sommeil par nuit. Je fus parfois amandé jusqu'à 2 ou 3 heures du matin, bien que la « loi chinoise sur les prisons » stipule bien que les prisonniers doivent se coucher à 21 heures.

Pendant les exercices d'entraînement en plein air, les gardiens ne se préoccupèrent pas des autres prisonniers et s'acharnèrent sur moi. Ils me menaçaient verbalement, me punissaient physiquement et m'entraînaient à l'écart pour m'humilier. Ils utilisèrent contre moi des matraques policières « WanFu » (matraque électrique à très haute tension) pour m'infliger des « corrections ». Toujours « au nom de la loi », ils eurent recours à des thérapies d'inanition et à des passages à tabac. Autre exemple : Pendant l'entraînement, ils me forcèrent à maintenir une position fixe sur de très longues périodes afin de me pousser à plaider coupable et à me suicider. Quant aux gardiens, ils me lynchèrent parfois à coups de chaussures et me forcèrent à rester accroupie pendant plus d'une demi-heure. Si j'étais trop lent ou si je refusais de coopérer, ils me punissaient à coups de matraques électriques. Dans la cellule, les gardiens demandèrent au chef de m'éduquer en me lisant en boucle les règles de la prison et de me punir corporellement. Si je ne coopérais pas, j'étais privé de sommeil, de douche, de repas. Lors de ces séances, ils m'agressaient verbalement, me forçaient à réciter les règles de la prison et ne cessaient de m'humilier. Ils souhaitèrent ainsi me briser pour que je finisse par plaider coupable et que je me plis à leurs « GuiJu » (Règles).

(Preuves que GuoLi n'a pas participé à la réforme du travail dans les prisons, n'a pas reçu de récompenses et n'a pas bénéficié d'incitations sous forme de repas).

Bien qu'on me condamnât à purger une peine de cinq ans, je fus toujours persuadé de mon innocence et pendant que je purgeais ma peine, je résistais fermement à leur traitement et me refusai à plaider coupable. Le 31 mai 2010, l'affaire prit une nouvelle tournure. La Haute Cour provinciale de Guangdong ordonna la révision du procès n° 1, jugeant que les procédures suivies lors du dit procès furent illégales. Le tribunal intermédiaire de Chaozhou du procès de deuxième instance reçut l'ordre de rejuger l'affaire.

Après presque cinq mois d'attente, les juges et les huissiers du tribunal intermédiaire de Chaozhou me transférèrent au centre de détention de Chaozhou. Lorsque des lacunes majeures entraînent la révision d'un verdict, le tribunal envoie généralement du personnel à la prison (celle de Jieyang, en l'occurrence) pour y mener le procès. Une fois que les prisonniers apprirent que je retournais au centre de détention (et que je ne restais pas à la prison de Jieyang) pour suivre un nouveau procès, tous pensèrent que mon verdict serait renversé, et que l'on me reconnaitrait non-coupable !

La loi stipule que les prisonniers doivent partir avec leur propre compte d'argent de poche, mais lorsque les policiers du département des affaires pénitentiaires de la prison de Guangdong Jieyang procédèrent à mon transfert au centre de détention de la sécurité publique de Chaozhou, ils me dirent « GuoLi, nous n'aurons pas l'argent : « GuoLi, nous ne vous transmettrons pas votre argent vers le centre, car vous serez assurément renvoyé ici ». À ce moment-là, je pensais: « Comment pouvez-vous en être persuadé ? La prison de Jieyang n'a pas son mot à dire sur cette affaire, seuls la loi et le tribunal pourront en juger. C'est pourquoi je reste déterminé ! » Je pensais que cette décision, pour le moins « inhabituelle »… de me ramener au centre de détention de la sécurité publique pendant que se déroulait le nouveau procès me conduirait vers la liberté. Ce n'est que plus tard que nous comprîmes qu'il s'agissait là d'une simple « mise en scène judiciaire », jouée pour le public. Guo Li a finalement été reconnu coupable par les « tribunaux de première et deuxième instance », conformément à la loi. Les médias désormais tiédis et l'attention du public détournée, Yashily put gagner du temps et éviter les écueils qui l'empêcheraient de se présenter publiquement à la bourse de Hong Kong.

Les agents la prison de Jieyang continuèrent leurs mauvais traitements, les coups et la torture, pour me compromettre et me pousser à plaider coupable dans cette affaire d'« extorsion » concoctée et me soumettre à la loi. Conséquemment, tout au long des trois mois qui suivirent le procès de révision et mon renvoi au centre de détention de la sécurité publique, la prison Jieyang du Guangdong, affilié au ministère de la Justice, gela délibérément le compte dans lequel je puisais pour financer mes biens de subsistance en prison. Je n'avais donc plus d'argent à dépenser au centre de détention de Guangdong Chaozhou et n'étais plus en mesure d'acheter mes rations quotidiennes, entrainant de longues périodes de disette et de malnutrition. Encore une fois, ils espéraient me compromettre de cette manière et m'obliger à me soumettre.

Dans le nouveau procès du tribunal intermédiaire de Chaozhou, il est fort probable qu'à l'interne le ton fut donné pour que le verdict initial, porté en défaveur de Guoli, soit maintenu. En 2011, aux alentours du festival du printemps chinois, la prison de Jieyang, devant tant d'obstination, pria mes parents de me persuader une bonne fois pour toutes.

Cette rencontre est encore vive et s'imprima profondément dans ma mémoire. Je n'avais pas vu ma famille depuis près d'un an, et mes parents étaient très excités lorsqu'ils me virent à travers l'épaisse fenêtre. Peu après l'entretien, ma mère m'expliqua que si j'abdiquais et avouais mon crime, ma peine en serait allégée. Une fois ma peine réduite, il ne me resterait un peu plus d'un an à purger. Pendant que nous discutions, les policiers de la section des affaires pénitentiaires se tenaient juste derrière eux. « Si tu refuses toujours de plaider coupable, la prison leur a donné l'ordre de te punir sévèrement », me dirent-ils. Lorsque j'entendis ma mère tenter de me persuader de la sorte, je sentis la colère monter en moi et je commençai à hausser le ton : « Il est pour moi inconcevable de me rendre et de plaider coupable », dis-je à haute voix. Pendant l'année passée au centre de détention, personne ne put m'aider et personne ne peut comprendre les tortures inhumaines que j'y subis. Même mes parents furent manipulés par les agents de la prison, ce qui m'a extrêmement déçu. La profonde conviction de mon innocence fut pour moi un support pendant ces cinq années d'enfermement. Même si, aujourd'hui encore, je continue à plaider mon innocence, je m'étais préparé mentalement à perdre la vie à la prison de Jieyang.

Lorsque le juge du tribunal intermédiaire de Chaozhou m'interrogea, je demandai à la cour, s'il advenait qu'on me

reconnut à nouveau coupable, qu'il ne me renvoie pas à la prison de Jieyang. Je déclarai et décrivis à plusieurs reprises les maltraitances que me firent subir collectivement les autres prisonniers et les gardiens de la prison de Jieyang. Si l'on me renvoya à nouveau là-bas, j'y perdrais peut-être la vie. Que m'importa s'ils me transférèrent dans une région aussi éloignée que Xinjiang pour y purger le reste de ma peine, je préférerais ça à la prison de Jieyang !
Tous les prisonniers savent que l'environnement carcéral est bien meilleur que celui d'un centre de détention. En plus d'avoir de meilleures conditions de vie et de plus grands espaces pour les activités quotidiennes, l'on y reçoit aussi de nombreux repas, il est plus simple de s'approvisionner en nourriture, et il en va de même pour les achats de toute sorte. Mais par-dessus tout, le criminel, s'il se comporte « bien », peut bénéficier d'une réduction de peine et même obtenir une libération conditionnelle. Il va sans dire que je ne connus aucun de ces « traitements préférentiels ». Pour moi, la prison de Jieyang fut tout simplement l'enfer sur terre.
Qu'une affaire soit révisée à deux reprises par le même tribunal est un cas rare dans l'histoire judiciaire moderne de défense des droits du consommateur en Chine. Lors du premier procès de révision, le 30 décembre de la même année, le tribunal intermédiaire de Chaozhou estima que les procès précédents furent menés en conformité avec la loi et que les deux jugements qu'ils rendirent furent, par conséquent, conformes à la loi. Autrement dit, une instance juridique de rang inférieur infirmait les faits et les preuves mises de l'avant par la juridiction supérieure. Il s'agit d'un véritable pied de nez à la décision prise par la juridiction supérieure. Nos espoirs d'obtenir gain de cause, ravivés par la tenue de ce procès de révision, s'amenuisèrent considérablement.

Le tribunal intermédiaire de Chaozhou ma demande de transfert et l'on me renvoya à la prison de Jieyang, au centre de détention n° 1 de la sécurité publique de Chaozhou. Détenu seul, en état d'isolation complet, je ne savais plus où s'en trouvait cette affaire ou si elle attisait toujours l'attention des médias publics. Quant aux dépôts des plaintes et du processus de mise en appel, je ne pouvais compter que sur l'aide des membres de ma famille vivant loin de Pékin.

J'aimerais souligner que lors de mon processus de réincarcération à la prison de Jieyang, les 893 yuans que transférèrent mes parents sur mon compte personnel au centre de détention de Chaozhou (par l'intermédiaire de la poste chinoise) furent détournés sur le chemin du retour à la prison par le juge JIANG Hai et son équipe d'huissiers. En effet, les prisonniers ne sont pas autorisés à conserver de l'argent liquide pendant leur détention. Après que j'eus quitté le centre de détention pour régler et signer la facture, le centre de détention de la sécurité publique de Chaozhou remit l'argent en main propre au juge d'escorte JIANG et à son équipe. Je découvris après ma sortie de prison en juillet 2014, qu'ils ne l'avaient pas transféré sur mon compte, à la prison de Jieyang, comme l'exigeait la loi, mais qu'ils l'avaient simplement gardé. Lors de mon processus d'Indemnisation des agents de l'État », le personnel du tribunal impliqué dans ce scandale fut rétrogradé du poste de juge principal au poste de greffier. Cette punition me semble bien méritée.

Les gardiens et la plupart des prisonniers parlèrent presque tous le dialecte « ChaoShan ». Bien que je connaisse quelques langues étrangères, ce dialecte m'était totalement inconnu. Afin de me réprimer et de me soumettre, les prisonniers se montrèrent très coopératifs avec la police pénitentiaire et ne parlèrent jamais mandarin en ma présence ou bien employèrent contre moi la violence « dure et douce ». Pendant plusieurs mois, ils tentèrent de me briser et m'isolèrent dans l'une des chambres spécialisées au 5$^{ème}$ de l'hôpital de la prison sur de longues périodes. Je ne pouvais voir la lumière du jour depuis l'intérieur de la salle, salle dans laquelle je fus torturé et privé de nourriture. Je souffrais donc de diabète, de lésions des nerfs périphériques, de lésions de la colonne vertébrale, d'engourdissement des membres, de bronchite, de problèmes d'estomac, de pertes de mémoire et d'états de transe. Parce que je persistais à plaider non-coupable, que je refusais de participer à leur programme de réforme par le travail tenu dans les ateliers de fabrication de la prison, ils ne purent rien ajouter à mon dossier dans la section « réforme par le travail ». La direction de la prison ne m'autorisa pas à prendre les repas supplémentaires qu'elle offrait aux autres prisonniers, et limita mes achats en nourriture « non essentiels », et pourtant nécessaires à mon alimentation quotidienne. En fin de compte, je n'ai pu acheter que des produits de base, tels que des bonbons et des biscuits usinés à haute teneur en sucre, pour soulager temporairement ma fin.

Lorsque j'entrai pour la première fois dans la prison de Jieyang, presque tous les prisonniers et les officiers pensèrent que je mentais sur ma condition, que je feignais d'être fou et stupide. Personne ne croyait qu'un ancien col blanc (un « NoCollarMan »), parlant bien l'anglais et ayant travaillé dans les ambassades de la capitale ne fut condamné ici, dans une prison à ChaoShan, où « un oiseau ne ferait même pas ses besoins ».
La vie en prison fut une épreuve d'une grande difficulté ! Souvent, je sentais que je vivais sans vivre. Dans un environnement aussi cruel, condamné par de hauts murs et des grilles électriques, nous, prisonniers, ressemblons à des cadavres ambulants. Afin de soulager la colère en moi et de

surmonter la solitude, afin d'atténuer les douleurs mentales et physiques entretenues par la torture, la disette et les passages à tabac, afin de continuer à cultiver l'espoir d'un jour sortir et reprendre ma mise en appel, afin de mettre fin au mutisme causé par l'isolement carcéral, je m'en suis toujours remis à la force du cœur : continuer à pratiquer la calligraphie, à lire à haute voix et à apprendre des langues étrangères.

L'environnement stagnant de la prison de Jieyang fut agité par mon arrivée. Ils étaient tous choqués de me voir ici, et les détenus (TongGai) pensèrent que je délirais. Afin de mieux comprendre de quoi il s'agissait, la direction de la prison invita son personnel et certains de ses prisonniers de confiance qui « connaissaient l'anglais » à venir m'épier et m'écouter en secret. Après toutes ces manœuvres, ils commencèrent à croire que GuoLi fut une espèce de traducteur un peu étrange (interprète simultané). Après ma libération en 2016, un détenu nommé ZHANG Zhitie, vivant aujourd'hui à Wuqing, dans la province de Tianjin, déclara dans une entrevue donnée à Beijing Television Studio : « Guo était tellement à part dans la prison de Jieyang. Jamais il n'a semblé vouloir « plaider coupable ni se plier à la loi ». Il avait du courage, et ne craignait pas d'être torturé à mort. La prison était totalement isolée du monde extérieur. Oui, cet environnement infernal nous effrayait et nous supportions mal tout ce stress et cette pression. À l'intérieur des enceintes de la prison, seul Guo ne semblait pas éprouver la peur. Il croyait fermement en son innocence ».

Une fois, mes parents et mon frère vinrent me rendre visite ensemble à la prison de Jieyang. Les visites ne duraient généralement pas plus d'une demi-heure. Mon frère me dit : « Frère, nous voulons te trouver un « GuanXi » (entremetteur spécial grâce auquel il est possible d'obtenir certaines faveurs) pour que ta vie soit moins pénible et que tu puisses sortir le plus tôt possible d'ici. » Quand j'ai entendu cela, je perdis la tête et me suis mis à agiter mes poings de colère. « Il m'est IMPOSSIBLE de capituler. Je ne me rendrais jamais à EUX ! » leur ai-je alors crié. Plus tard, ma mère avoua dans une interview, que de toute sa vie, elle ne m'avait jamais vu plus énervé qu'à ce moment-là.

Après leur retour à Pékin, mes parents écrire une lettre de mise appel sur l'ordinateur, ma mère en sauvegarda une copie sur une clé USB, et partie en imprimer plusieurs exemplaires, revint à la maison et les relia un par un pour les envoyer par la poste. Non loin de chez elle, dans une librairie du quartier Yongdingmen Wai de Pékin, on y vendait le « Livre jaune des ministères et commissions nationales de Chine ». L'exemplaire coûtait sept yuans (environ 1,00 $ US), et ma mère en acheta trois. De cette lecture, elle apprit vers quel service chinois compétent elle pouvait se tourner pour signaler mon cas et se mit à envoyer des lettres de recours. Les envois les plus fréquents s'adressèrent à la Haute Cour de la province du Guangdong, qui les reçoit une fois par mois de Pékin. Chaque fois que mes parents envoyaient une lettre de recours, ils la peaufinèrent encore et encore. Ils envoyèrent tant de recours par courrier recommandé que le personnel de la poste chinoise à Pékin lui devint familier, et un jour, employer lui demanda à voix basse : « Tante Xin, avez-vous des ennuis en ce moment ? »

Pendant mes cinq années d'emprisonnement, malgré la longue distance qui nous séparait de Pékin, ma mère n'a jamais manqué une occasion de me rendre visite. Une mère connaît très bien son enfant. Il lui suffit de me regarder dans les yeux, d'entendre quelques mots et de scruter mon visage pour sentir et comprendre ce que je subis en prison. Peu à peu... ma mère, âgée de 73 ans à l'époque, commença à détester le Guangdong. Elle ne supportait plus les chansons cantonaises et entendre quelqu'un parler en cantonais la rendait mal à l'aise. Après mon incarcération, les principales chaînes de télévision du pays continuèrent à diffuser, aux heures de grande écoute, des publicités pour les produits laitiers destinés aux nourrissons de chez Yashily et Scient. L'un de leurs porte-parole (parmi lesquels l'on trouvait des acteurs comme Jiang Wenli, Yao Chen, etc.) fut l'acteur chinois connu Pu Cunxin, membre du Comité national de la Conférence consultative politique du peuple chinois et doyen de l'Académie des arts du peuple chinois. Dès qu'elle vu passer cette publicité, ma mère n'attendit pas un instant pour écrire à Pu pour lui demander : « Vous êtes un acteur célèbre, l'un des « visage » de la Nation, pourquoi faites-vous donc de la publicité pour « la formule pour nourrisson pseudo-américaine de Scient » ? Plus tard, les personnages que Pu et Jiang interprétaient dans ces publicités furent remplacés par des personnages d'animation et ce n'est qu'à ce moment-là que ma mère cessa d'écrire des lettres à Pu. Il me suffisait de plaider coupable pour obtenir une peine réduite et une libération anticipée, d'obtenir des repas supplémentaires en prison et de pouvoir acheter des conserves de viande pour me nourrir, et pourtant jamais je n'abdiquai ni ne me résignai à plaider coupable, malgré tous les discours de persuasion que purent tenir les membres de ma famille et les détenus. Mes parents semblaient confus au début, et les gens autour de moi se demandèrent : comment les trois tribunaux ont-ils bien pu prendre la mauvaise décision ? Comment le département de police a-t-il bien pu lui aussi se méprendre lors de l'arrestation ? Comment le parquet a-t-il pu commettre une nouvelle erreur de poursuite ? Même s'il advenait qu'ils se trompèrent tous une fois, vont-ils tous se tromper à niveau ? Après de multiples procédures d'enquête, de poursuites, d'un premier procès de révision suivi d'un deuxième procès, de nombreuses investigations policières, les procureurs et les tribunaux, et les gens commencèrent à douter sérieusement. Était-il vrai que j'essayais d'éviter la réforme par le travail en « argumentant » ou en « tentant d'abuser de la loi » ? Pour cette raison, tous tentèrent de me persuader à plaider coupable rapidement et d'essayer d'obtenir une réduction de peine. J'étais convaincu de mon innocence, alors pourquoi devrais-je plaider coupable ? Et j'affirme t que ce n'est qu'en persistant dans cette voie que je préserverai ma dignité et celle de mon enfant blessé.

Peu de temps après mon incarcération, entre le deuxième procès et la première révision judiciaire, ma femme GaoHong me demanda le divorce. Je sais que dans une pareille situation, il est assez courant qu'un couple demande le divorce, donc je ne fus pas surpris. Deux juges du tribunal de Haidian à Pékin vinrent à la prison de Jieyang dans la province du Guangdong pour obtenir ma signature et recueillir mon avis. Ils m'expliquèrent qu'il allait sans dire que je ne pouvais m'occuper de mon enfant mineur en prison et que, conséquemment, le demandeur obtiendrait la garde et la pension alimentaire. Je leur expliquai que ma femme souffrait d'une dépression sévère et que, dans de pareilles conditions, elle aurait besoin de ressources financières additionnelles pour s'occuper de notre enfant. GaoHong aura besoin d'un superviseur fiable à ses côtés. Après des discussions entre le tribunal et notre famille, le tribunal de Haidian déclara que la grand-mère, TaoXin, prendrait en charge l'enfant. Je venais à peine de rentrer en prison, et l'on me demandait déjà le divorce, et perdait, du même coup, la garde de mon enfant. Dans ces jours sombres, isolé du monde extérieur, j'oubliais lentement l'apparence de ma douce enfant Yiyi. Je me remémorais l'emmener jouer sur l'eau du lac de l'Ouest à Hangzhou, dans la province du Zhejiang, avant qu'elle n'ait trois ans, je me remémorais la pousser dans une poussette sur la rampe du viaduc de Xizhimen à Pékin. Les roues de la poussette produisaient un cliquetis en descendant la rampe, et l'enfant, assise à l'intérieur, riait, riait à pleine dent... J'ai pris un stylo et me suis mis à composer, en pensée, une image d'elle. En fait, je ne parvenais à me remémorer son visage, alors je la dessinai de dos.

D'un homme brillant et respecter de ses pairs et ses proches, tout d'un coup, je devins à leurs yeux un criminel, coupable d'un crime d'extorsion. Tranquillement, je vis mes proches s'éloigner de moi. Je me retrouvai totalement séparé de ma femme et de mon enfant. Je n'aurais jamais cru vivre une telle chose dans ma vie, mais je ne me suis jamais compté vaincu, et j'ai toujours senti que je n'abandonnerais pas lutte avant d'atteindre le bout du tunnel.

En prison, j'étais soumis à une surveillance stricte et l'on me transférait de-ci de-là dans les différentes sections de la prison pour y effectuer des travaux forcés ou bien me plaçait-on en isolement. La direction de la prison et les gardiens interdirent aux autres prisonniers de me parler et déclarèrent que « s'ils surprenaient quelqu'un en train de parler à Guo, la réduction de sa peine sera suspendue, et même augmentée par la direction. N'imaginez même pas sortir de sitôt si l'on vous prend ». Je me souviens que lors d'une séance de « formation » à l'intérieur de la section de surveillance stricte ou « YanGuanDui » en mandarin, le chef des détenus me suggéra d'utiliser une partie des indemnités que Yashily octroya à ma famille pour soudoyer la direction de la prison de Jieyang en échange de la « protection de parapluie » ou BaoHuSan en mandarin et du traitement « GuanXi » (traitement de faveur) pour le reste de mon séjour en prison. Je rejetai certains postes dont celui de « facilitateur » entre différentes instances et prisonniers.

Une fois libéré de prison et que fut entamé mon processus de mise en appel, plusieurs anciens détenus corroborèrent, lors d'entretiens avec des journalistes, l'existence de ces mesures : ils expliquèrent qu'en prison, j'étais « comme un spectre » et que personne n'osait s'approcher de moi. Même après leur sortie de prison, un contact avec mon leur valait d'être harcelés, suivis et mis en garde par des agents de la « GuoBao » (ou police secrète) et des services communautaires de tout le pays. Autrement dit, tout contact avec moi fut absolument prohibé et la pensée me vint que la GuoBao leur avait peut-être confiée des tâches, ce que je leur demandai par après. Dans ma demande d'indemnisation aux agents de l'État, je fis mention de ces périodes d'isolement complet passées dans la prison de Jieyang, mais les employés que questionnèrent les autorités responsables de mon dossier leur répondirent : « Pendant qu'il purgeait sa peine en prison, Guo était taciturne et peu disposé à communiquer avec autrui ».

La famine prolongée, les coups, les châtiments corporels et l'isolement prolongé, toutes ces sanctions que je subissais parce que je « m'entêtais à ne pas plaider coupable et parce que je désobéissais à leur loi » favorisèrent le développement de multiples maladies chroniques et provoquèrent des séquelles traumatiques permanentes. Ces séquelles se manifestent sous la forme de lésions nerveuses périphériques, de spasmes, de crampes et de problèmes de mémoire. Comme je craignais que ces pertes de mémoire n'entraînassent, à long terme, une aphasie de la parole et n'affectent considérablement mes capacités de communication, j'insistai pour apprendre à dessiner, à continuer l'apprentissage de la calligraphie en plus de continuer à lire, à chanter et à me parler à haute voix.

Je me souviens qu'après 2011, pour évaluer l'évolution de mes compétences depuis mon incarcération, je « saisis l'occasion » de m'inscrire aux quatre examens du cours « d'autoformation pour l'enseignement supérieur en prison » du Guangdong. Les résultats distribués, j'appris avec stupeur que j'avais passé à seulement deux examens, avec un résultat légèrement au-dessus de la note de passage (60%) et l'un de mes résultats ne dépassèrent pas plus de 20 points sur 100. Il faut dire qu'avant mon emprisonnement, j'étais l'un des meilleurs interprètes en simultané internationaux en Chine. Je crois qu'un score aussi médiocre témoigne à lui seul de l'étendue et de la gravité des problèmes de santé et des troubles de mémoire que je développai en prison. Après la révision du verdict en 2017, j'entamai un processus d'indemnisation auprès des agents de l'État, processus au cours duquel il fut tenu des séances de contre-interrogatoire. Durant ces séances, les employés de la prison de Jieyang affirmèrent que ces examens et leurs résultats témoignaient, d'une certaine manière, de ma « bonne santé ».

Je découvris pourquoi l'on incitait autant les « prisonniers proches du gouvernement du PCC ou des GuanXi » à passer l'examen national d'autoapprentissage de l'enseignement supérieur. En fait, le département local de l'éducation et le système pénitentiaire s'entendirent pour que les résultats puissent s'utiliser comme récompenses dans le cadre du processus de réduction de peine et de libération conditionnelle. Ce processus académique, utilisé pour demander aux tribunaux de commuer les peines des prisonniers concernés, finirent par constituer une véritable plateforme de "transactions" et de corruption publique. Il s'agissait là d'un réseau d'échange commercial ouvert entre les criminels, la prison et le tribunal.

Pendant les 90 minutes de l'examen, les responsables pénitentiaires et les surveillants extérieurs coupèrent la surveillance vidéo au beau milieu de l'épreuve afin de "faciliter" la tricherie des prisonniers "DaJiao". Ceux-ci avaient copièrent sur leur copie les bonnes réponses, que leur fournit le département de l'Éducation de l'enseignement supérieur, avant qu'on ne collectât les examens. Et les responsables de la prison de rallumer la surveillance vidéo pour continuer à feindre leur supercherie. Ce "triangle" frauduleux fut parfaitement orchestré et chacun y trouvait son compte avec grande satisfaction !

Passer un examen permet aux prisonniers de bénéficier d'une commutation de peine additionnelle d'au moins six mois dépendamment des résultats qu'il obtient. Il s'agit là d'un véritable « traitement d'exception » ! Ainsi, un prisonnier peut potentiellement obtenir un diplôme universitaire en prison, un sujet délicat pour le système chinois de réforme pénitentiaire. De nombreux candidats n'ont même pas de diplôme collégial, ni même parfois gradué de l'école primaire ! Dès lors, l'on peut se poser la question suivante : dans des conditions de réinsertion pénitentiaire extrêmement pénible, avec quelle capacité et avec quel temps les prisonniers parviennent-ils à étudier pour un examen universitaire, en autodidacte de surcroît, et d'obtenir malgré tout de si BONS résultats ? À cette époque, les familles des prisonniers parvenaient à soudoyer les policiers et les responsables de l'éducation pénitentiaire. On découvrit que les prisonniers « GuanXi » obtinrent des diplômes et bénéficièrent de peines réduites additionnelles grâce à ce système frauduleux Il en va de même pour certains fonctionnaires du ministère de l'Éducation, qu'ils soient à l'intérieur ou à l'extérieur de la prison, puisqu'ils reçurent des pots-de-vin et certains avantages par l'entremise de ce système. Ce système de réinsertion pénitentiaire frauduleux, dépendant du ministère de la Justice, leur permettait d'acquérir une bonne image auprès du public et laissait croire qu'ils produisirent de véritables résultats. Autrement dit, ils firent d'une pierre TROIS coups.

La prison de Jieyang essaya par tous les moyens de me forcer à participer à la réforme du travail. Lors des séances d'entraînement, les policiers s'assurèrent que les prisonniers handicapés m'entourèrent pendant les exercices et les démonstrations. Ainsi, lorsque les policiers donnaient l'ordre de se lever puis de s'accroupir, les prisonniers à mes côtés, incapables d'accomplir l'exercice, tombaient simplement l'un après l'autre. Ils essayaient par la mise en œuvre de procédés suggestifs, de me montrer dans quel état je me trouverais si je ne me pliais pas de sitôt. Rien de tout cela ne put ébranler ma résilience et ma détermination resta ferme. Lorsqu'on me força à travailler dans leurs ateliers de fabrication, comme je marchais désormais avec grande peine, la section dans laquelle je séjournais se mit à utiliser un chariot à main pour me transporter quotidiennement entre les dortoirs et l'atelier de vêtements d'exportation et des produits d'emballage. Des activistes s'ingéniaient à trimballer, entre le dortoir et l'atelier, tant à l'aller qu'au retour, mon chariot derrière lequel s'attroupèrent des centaines de prisonniers. Une fois arrivé à l'atelier, j'invoquais mes droits légaux et refusai obstinément de travailler dans leur camp de réforme.

Pendant cette période, devant ma résistance obstinée, d'autres prisonniers se mirent à m'imiter et commencèrent tranquillement à se désengager de leur travail, voire pour certains à se mettre en grève. Du même coup, l'esprit d'équipe, l'enthousiasme et l'efficacité au travail des autres prisonniers en pâtissent un coup. C'est ainsi qu'on me ballota d'une section et d'un atelier à l'autre. Je passai d'un atelier de confection de vêtements d'exportation destinés au marché nord-américain à un atelier d'accessoires électroniques, dont l'unique tâche consistait à assembler des câbles de transfert de données pour Apple et Huawei.

Qu'importe l'atelier ou la tâche, je refusais obstinément de participer. À la fin, ils essayèrent de m'intégrer à un groupe d'enseignement et de recherchiste dont l'une des tâches consistait à rédiger des rapports pour la direction de la prison ou pour les gardiens, ou encore à enregistrer les conversations qu'entretenaient les prisonniers sur leur « XiNao » (ou lavage de cerveau) et leur réforme idéologique. Une fois, ils me proposèrent d'accomplir des tâches « faciles et confortables » telles que le service de blanchissement. Travailler comme un force-nez comme ces « DaJiaos » (BigFeet en anglais) vous permet d'accumuler suffisamment d'argent pour obtenir des « GuanXi » (liens spéciaux) ou des traitements spéciaux de leur part. Encore une fois, je refusai toutes leurs propositions et ce fut pour moi l'un des moyens que je trouvai pour lutter en prison. Cette obstination m'a permis de survivre jusqu'au jour de ma libération, en juillet 2014.

# Chapitre IV

emprisonné injustement, puis délivré après avoir purgé sa pleine sentence, Guo prépare sa mise en appel

Chapitre IV

Le 22 juillet 2014, pour moi prenaient fin cinq ans d'emprisonnement. Pas un seul jour de moins ! J'ai purgé cinq ans de prison et fus libéré conformément à la loi chinoise. Une fois que l'administration pénitentiaire termina son inspection, je franchis les portes de la prison de Jieyang et me jurai de sortir avec les deux boîtes de manuscrits qui m'accompagnèrent durant cette dernière année de détention. Un minibus m'attendait à l'extérieur de la prison, mais l'homme à son bord ne m'était pas familier. Il m'expliqua qu'il rencontra ma famille, par hasard, dans la région de Chaoshan, alors que ceux-ci venaient me rendre visite et m'aider à porter le jugement en appel à Pékin. Ma famille lui demanda s'il pouvait s'occuper des courses locales pour eux. Comme il n'était pas un membre de la famille, il ne put me visiter en prison. Ce jour-là, personne ne savait que je sortais de prison et retrouvais ma liberté, alors j'attendis à l'extérieur, près du mur. Quelques heures plus tard, cet homme me fit monter dans sa camionnette et m'emmena manger au centre-ville, puis me déposa à l'aéroport de ChaoShanJie, dont la construction fut récemment achevée, pour y retrouver ma famille.

À l'aéroport, mon frère m'accueillit et m'aida à retirer mon uniforme de prisonnier. Après cinq ans d'emprisonnement, j'avais perdu tout contact avec la société. J'étais complètement abruti, incapable d'accomplir quoi que ce soit. Arrivé à l'aéroport de ChaoShanJie, mon frère m'aida à enregistrer mes livres, à renouveler ma carte d'embarquement et me donna un téléphone portable temporaire. Il m'aida à appeler ma mère qui vit à Pékin. À ce moment-là, je brûlais d'envie de lui annoncer que je sortais de prison, enfin libre et toujours en vie. De retour dans ce monde de lumière, après avoir vécu l'enfer sur terre où tout n'était que ténèbres, promiscuité, saleté et crainte, je me sentis soudain submergé. Ce souffle de liberté que m'insuffla la brise, ce sentiment de relâchement et de joie qu'éprouvèrent mon corps et mon âme lorsqu'ils se sentirent libérés.. Toutes ces sensations me firent beaucoup réfléchir et mon cœur se mit à gonfler. Il y avait bien longtemps que je n'avais vu une telle foule. Détenu en isolement, à peine voyais-je la lumière du jour. Pendant une courte période, ma respiration et ma vision s'obstruèrent, mes pensées s'obscurcirent et je me retrouvai pris au dépourvu. Je n'avais pas mangé de légumes frais et de viande fraiche depuis si longtemps que j'en avais oublié l'arôme ! En prison, je rêvais de mets délicieux, mais dès qu'on me libéra, ces désirs, que les humains éprouvent normalement, se dissipèrent complètement. Je ne comprenais plus les lois du marché ni de quelle manière je devais dépenser mon argent. Quand je sortais pour m'acheter quelque chose, je donnais au caissier deux ou trois cents yuans (30,00 à 50,00 $ US) pour un item qui n'en valait pas plus de dix (environ 5,00 $ US), et je ne pensais même plus à demander la monnaie. J'étais sorti depuis un certain temps déjà, mais je ne parvenais jamais à me remémorer les mots de passe de mon ordinateur, ni comment l'enregistrer. Devant tant de détresse, mon père ne voulait pas y croire et pensait que je feignais encore. Il m'a dit un jour : « Tu simulais en prison, mais pourquoi continues-tu à simuler alors que tu es enfin sorti ! » À la simple pensée de cette période, et de cette scène en particulier, je ne peux m'empêcher de pleurer encore aujourd'hui.

Une fois bien installé, je partis immédiatement à la recherche de ma Yiyi, l'enfant que je n'avais pas vue depuis cinq ans et à laquelle je pensais jour et nuit. Dès qu'elle me vu, elle lâcha un « Papa ». Cette parole, si simple soit-elle, me soulagea et mon cœur gonfla de joie. Elle ne m'avait pas oubliée. Elle me dit également que je ressemblais à un extraterrestre venu d'ailleurs, description qu'elle agrémenta d'un dessin. On y

distinguait un homme ailé volant dans le ciel et, au sol, se trouvait une petite fille, attendant que son père revienne. Quand je lui demandai pourquoi elle m'avait donné des ailes, elle me répondit que « c'était parce que papa était revenu d'une autre planète ».
La première fois que je revis mon enfant, sa grand-mère TaoXin l'amena chez moi. J'étais très ému et je ne savais pas comment lui expliquer pourquoi ni comment son papa avait ainsi disparu pendant cinq longues années. Ma fille, encore pleine de candeur, avait 8 ans à l'époque. Au début, elle montrait quelques signes de timidité lorsqu'elle me revit pour la première fois, après 5 ans d'absence. Comment lui expliquer cette apparition soudaine ? Comment lui expliquer que son père porte le fardeau d'une accusation injustifiée et inique ? Je ne pouvais m'empêcher d'y penser, secrètement. Pendant ces cinq dernières années, jamais je ne changeai d'avis : jamais je ne me suis compromis, et me résigna à accepter le verdict que l'on porta contre moi. À ce moment-là, pour le bien de mon enfant, de moi-même et de ma famille, agir dès que possible pour rétablir la vérité, régler mes griefs et prouver mon innocence. J'étais impatient d'entamer mon enquête, de préparer la mise en appel et la plainte.
Je revis Yiyi une deuxième fois lorsque je suis allé la chercher à l'école. Comme je n'avais pas vécu avec elle pendant plus de cinq ans, sa grand-mère paria avec moi que j'aurais bien du mal à la ramener à mon appartement, n° 412 à Xizhimen (Pékin), sans difficulté. Mon appartement se trouvait sur le chemin de gauche en sortant de l'école, tandis que celui de sa grand-mère se trouvait, non loin de là, sur le chemin de droite. Après avoir récupéré l'enfant seule, elle me prit la main, n'a même pas regardé derrière elle et se mit simplement à marcher à mes côtés, sur le chemin de gauche. À ce moment-là, sa grand-mère nous suivit sur près de cent mètres, tentant de nous

rattraper, puis saisi la main de l'enfant et la ramena immédiatement à ses côtés. Elle ne s'attendait pas à ce que sa petite-fille m'accompagne sans difficulté. Je me souviens encore de la panique dans les yeux de sa grand-mère, attitude que je trouvai insupportable ! Jusqu'à présent, la « garde de l'enfant », pour laquelle je me suis battue auparavant, fut pour moi une source de préoccupations constantes, tant sur le plan idéologique que psychologique. Souvent confronté à ce genre de situations, plus d'une fois je pensai renoncer à la récupérer. Depuis mon internement, ma fille et la famille de sa grand-mère établirent une relation et un lien très profonds. Je ne veux surtout pas les blesser. Nous prenons juste cela comme une limite !

Parce qu'on me coupa de tout contact avec la société pendant plusieurs années, certaines de mes paroles, certains de mes gestes paraissaient parfois étranges ou déplacés aux yeux des étrangers et des membres de ma famille. J'agissais souvent comme un idiot ! Mon père et mon frère pensèrent même que je simulais cette attitude. Ils me répétaient : « Li, tu as joué l'idiot en prison, pour quoi continuer ainsi » ? Ma mère, quant à elle, éprouvait beaucoup de compassion à mon égard et a toujours compris que j'avais énormément souffert de ces cinq années de tortures et d'injustice. Après ma libération, je devais commencer une nouvelle vie, trouver un nouvel emploi, fonder une famille et peut-être, l'idée me traversa l'esprit, élever un autre enfant. Personne autour de moi ne m'encouragea à porter le jugement en appel ni à porter plainte. Presque tous me conseillèrent d'oublier, d'abandonner la lutte ou de renoncer... Comme j'étais très anxieux, désireux de rétablir le verdict, de retrouver mon ancien emploi et mes compétences, certains de mes gestes pouvaient paraître démesurés et sans fondement. Très souvent, je montrais des signes de déprime. À mon retour, je n'avais aucune source de revenus et mon frère n'osait pas entretenir une relation avec moi, en raison de la nature de son travail. Il ne pouvait que secrètement remettre à ma mère entre mille et deux mille yuans (140,00 à 280,00 USD) chaque mois, somme à laquelle s'ajoutait une part de l'argent que ma mère avait économisé sur sa pension, soit mille yuans (140,00 USD) de plus. C'est tout ce que je pouvais dépenser chaque mois. Malgré tout, jamais je ne pensai à renoncer. Je devais porter le jugement en appel et me battre pour qu'il révise ce verdict fallacieux, pensais-je, et pour y parvenir, je planifiais mes dépenses avec rigueur. J'optais pour les transports les plus économiques (et conséquemment, les plus lents du pays), je me procurais de la nourriture la moins dispendieuse et séjournais dans les hôtels les plus abordables. J'eus l'impression, du jour au lendemain, de retrouver le quotidien des années 80 en Chine.

Quelques mois seulement après ma sortie de prison, je vécus chez mes parents. Comme mon père ne comprenait pas mes habitudes de « prisonnier » et ne me soutenait pas dans la lutte, il y eut quelques accrochages pendant cette période. Je n'ai pas eu d'autre choix que de déménager et de retourner vivre dans mon appartement, au n° 412, où j'avais vécu des années auparavant. De retour, je constatai que de nombreux éléments de preuve, y compris des échantillons de lait maternisé, des rapports d'inspection, des effets personnels, ainsi que des objets de valeur - dont une collection de timbres, aborigènes australiens et des combinaisons de course Lambor - avaient disparues. De plus, le 23 juillet 2009, lorsque l'on m'arrêta à Hangzhou, dans la province du Zhejiang, le jour même, le département de la sécurité publique de la province du Guangdong saisit illégalement mes biens à Pékin. En 2019, je déposai une plainte et une requête d'indemnisation au bureau de la sécurité publique de Chaozhou, le département de la sécurité publique de la province du Guangdong et la prison provinciale de Jieyang du Guangdong, conformément à la « loi sur l'indemnisation de l'État », pour qu'ils fussent tint pour responsables.

Bien que cinq années se soient écoulées depuis ma condamnation par les institutions judiciaires de la province du Guangdong, l'inquiétude du public concernant le « scandale du lait frelaté à la mélamine » et la sécurité alimentaire ne s'apaisa pas pour autant. Il semble que l'opinion publique ne crut pas en ma culpabilité et continua à supporter ma lutte contre Yashily malgré le verdict prononcé par la Cour. Quelques années après ma libération, les médias continuèrent à documenter ma lutte. Plusieurs grands médias continuèrent à m'interviewer et à produire des reportages sur mon cas, tel que infzm.com, radio free asia, voice of america et IAFK canada, pour ne nommer qu'eux.

Pour porter efficacement le jugement en appel, je devais amasser des preuves supplémentaires et continuer à approfondir mon dossier. Mes dossiers les plus pertinents se trouvèrent entre les mains des avocats du cabinet Dayu de Pékin, mes premiers représentants lors de la première instance. Après ma libération, je m'en remis aux avocats Yansheng & Gongsun à ce sujet. J'avais de grandes attentes à leur égard. Le deuxième procès et le premier nouveau procès furent interrompus par le ministère de la Justice chinoise (sous la tutelle de Yashily Dairy, l'ancien ministre de la Justice Wu Aiying), il m'était pratiquement impossible d'engager un avocat dit « conventionnel » pour me défendre. Je devais donc défendre mon cas moi-même. Lors du premier procès, mes avocats déclarèrent dans leur plaidoirie que ma lutte judiciaire contre Yashily ne constituait en aucun cas une tentative d'extorsion. Ces avocats et moi pensions donc la même chose : mon cas fut monté de toute pièce par Yashily Int'l, lui-même acoquiné au système judiciaire local chinois.

Mais après la réunion avec mon avocat de première instance, mes plans et mes espérances s'effondrèrent brutalement. Face à mon désire impérieux de porter le jugement en appel, ils me confièrent que, bien que mon plan soit juste et réalisable, en tant qu'avocats affiliés à un cabinet, ils ne « feraient pas la charité » et que je devrai débourser plus de 300 000 yuans supplémentaires (43 000 dollars), dont je devais m'acquitter la semaine même. De retour du cabinet, j'en discutai avec ma mère. Soucieuse, elle pensait que, sans un bon avocat pour nous représenter, nous n'avions presque aucune chance d'y parvenir ! Malheureusement, il n'y avait aucun moyen pour nous de réunir une telle somme aussi rapidement. Ma mère se mit donc à discuter avec les avocats du cabinet Beijing Dayu et essaya de résoudre cette impasse financière, en leur proposant un plan de paiement échelonné ! Mais contre toute attente... ils rejetèrent notre offre.

Après avoir essuyé le refus des avocats de Dayu, je me suis senti extrêmement frustré et en proie à l'impuissance. Après cinq ans d'emprisonnement injustifié, je me sentais comme un déchet sans valeur, plein de griefs et de désespoir. Durant cette période, je suis tombé si bas que je perdis momentanément l'envie de vivre. La société se montrait si injuste à mon égard et personne ne semblait comprendre l'injustice et les difficultés que j'avais subies. Pourquoi n'y a-t-il, dans ces moments de détresse, aucun moyen de demander de l'aide ? Après m'être ressaisi, je repris ce long chemin en solitaire que fut jusqu'alors ma lutte pour défendre mes droits.

La première étape que je devais traverser fut de rassembler toutes les preuves nécessaires et de m'assurer que ces preuves soient suffisamment solides ! Quant aux soi-disant preuves « de ma culpabilité », elles doivent évidemment se corroborer et se compléter mutuellement. Parmi ces preuves, l'un des principaux motifs de ma condamnation supposait que j'aurais menti sur la condition psychologique de mon ex-femme GaoHong, car j'aurais affirmé qu'elle souffrait d'une maladie mentale. Cette maladie, je ne l'ai pas inventé puisque non seulement existe-t-il un diagnostic médical de l'hôpital AnDing de Pékin, mais il existe également les dossiers de sa médication, des rapports d'évaluation du médecin concerné et le certificat de congé de maladie que lui remit son employeur, AirChina. Quant aux motifs de ma propre démarche d'indemnisation, le plaignant Yashily Int'l n'a cessé de me rendre visite à Pékin pour m'exhorter de la conscrire sur papier. Ils m'incitèrent sans relâche à formuler des demandes additionnelles, m'assurant que ce n'était qu'en les écrivant que leur conseil d'administration prendrait mon cas au sérieux et que j'obtiendrais une meilleure indemnisation. Bien que je me sois maintes et maintes fois défendu sur ce point, le Bureau de la sécurité publique de Chaozhou, le département du parquet et le tribunal continuèrent à refuser ma défense. À ce moment, j'étais persuadé que cette affaire injuste montée de toutes pièces fut intrinsèquement liée à une collusion politique et commerciale. Les « forces du mal » de l'industrie laitière chinoise devaient être très puissantes ! Sans quoi un tel abus et une totale cécité de la part des institutions juridiques et judiciaires concernées n'auraient pu advenir.

Placé en isolement carcéral, je subis de graves sévices, lesquels me laissèrent des séquelles physiques et mentales. Beaucoup de mes dents furent cassées et tombèrent, j'eus des fractures traumatiques de la colonne lombaire, des spasmes dans les jambes, des problèmes d'ulcère gastrique modérés. J'y développai un diabète de type 2 causé par la privation et des lésions du système nerveux périphérique, mais je ne me suis pas laissé abattre et parvenais, malgré tout, à me remonter le moral. Parti à la recherche de preuves solides, j'entamai un processus de vérification et de suivi. En août 2014, le deuxième mois après ma libération, j'envoyai ma première lettre d'accusation à la province du Guangdong. Je fis ensuite des aller-retour entre plusieurs villes et comtés de la province du Guangdong chargés de traiter mon dossier. Jusqu'à ce que ma mise en appel conduise à la tenue d'un nouveau procès en août 2016, c'est-à-dire avant que ne fut ouvert le deuxième nouveau procès à la Haute Cour provinciale du Guangdong à Guangzhou, j'effectuai au total plus de 30 voyages entre Pékin et les villes du Guangdong.

D'après la pile de copies de près d'un mètre récupéré au cabinet d'avocats Dayu de Pékin et des bureaux de la police, du procureur et du tribunal de Guangdong chargés de l'affaire, d'après la lecture et à l'analyse maintes fois répétées du dossier, d'après mon analyse comparative des preuves recueillies par mes soins, en passant par l'étude attentive des dossiers de ma propre enquête, et après plus de deux ans de va-et-vient, j'avais enfin acquis une vue d'ensemble claire et une compréhension approfondie de cette affaire. Je me suis mis à étudier en autodidacte les dispositions juridiques pertinentes, appris à rédiger des documents d'appel et des déclarations de défense. Pendant cette période d'enquête, afin de recueillir de preuves sur la pseudo-marque américaine par Yashily et Scient Company, je me suis rendu deux fois aux États-Unis pour me renseigner et recueillir des preuves auprès des agences d'enregistrement californiennes et texanes de Scient Inc. aux et de leur cabinet. Je découvris que Scient Int'l É.-U. inc. fut radiée peu après ma sortie de prison en 2014.

Comme Yashily International fut rachetée par China Mengniu Dairy Group sous le contrôle de COFCO, et que Yashily et Mengniu furent toutes deux cotées à la bourse de Hong Kong, je retournai à Hong Kong pour y recueillir de nouvelles preuves et continuer mes démarches judiciaires (afin d'obtenir une indemnisation). Au bureau régional de China Mengniu, situé au 32e étage du bâtiment COFCO à Hong Kong, le réceptionniste me déclara que Yashily, en tant que filiale de Mengniu, n'avait aucun bureau *in situ*, qu'ils ne louèrent qu'un espace de bureau vide chez Mengniu Hong Kong et de me répéter que Yashily Int'l ne possédaient aucun bureau au 32e étage. Tout ceci me parut louche, et je ne me laissai ni convaincre ni tromper. Mengniu et Yashily Dairy ignorèrent ma lettre ouverte et les documents de réclamation que je leur fis parvenir, mais je n'abandonnai pas pour autant, et répétais mes visites sans relâche. Quand ils comprirent que j'étais le militant dont parlait la télévision de Hong Kong, ils prirent si peur qu'ils n'osèrent même pas me laisser franchir la porte principale de la COFCO.

Toutes les preuves que j'ai pu récolter montrent bien que Yashily, Mengniu Dairy et les services judiciaires avec lesquels ils furent de connivence montèrent cette affaire d'« extorsion » de toute pièce, et de quelle manière ils firent étouffer l'affaire.

En feuilletant le dossier, je trouvai de nombreuses preuves fabriquées de toute pièce. Plus tard, au cours de ma procédure de mise en appel, les différents niveaux de juridiction reconnurent tous qu'il s'agissait-là de preuves falsifiées (ou faux semblants). En plus des dommages que causa la mélamine à la santé de mon enfant, les abus judiciaires dont je fus victime me causèrent des dommages aussi lourds, si ce n'est davantage.

En 2016, je voyageai fréquemment entre Pékin et Guangdong, seul à mes débuts. En raison de la dureté et la rudesse de mon expérience d'isolement, des coups reçus, de la privation et des abus que me firent subir les gardiens et certains détenus, je sortis de prison avec de nombreux handicapés physiques. Pour cette raison, le Bureau des affaires civiles de Pékin me fit parvenir un certificat d'invalidité et j'eus droit à une allocation mensuelle d'invalidité de 320 yuans (46,00 USD). Mon handicap et l'absence de ressources judiciaires efficaces rendirent de nombreuses tâches presque insurmontables pour un homme seul. C'est ainsi que je dus demander à ma mère XinHong d'agir en tant qu'agent de liaison. Elle avait déjà plus de 70 ans à l'époque, et elle voyagea sans relâche à mes côtés à Chaozhou, Chao'an, Jieyang, Guangzhou, Shenzhen, Hong Kong, etc., partageant avec moi le fardeau de ce combat. Il va sans dire que je déposai de nombreuses plaintes et de nombreuses réclamations auprès du parquet provincial du Guangdong et du parquet de Chaozhou pour les blessures, les privations et les tortures qu'on me fit subir en prison. À cet égard, les parties concernées se dérobent encore à ce jour, et refusent catégoriquement d'assumer la responsabilité de l'indemnisation d'État, et le processus d'indemnisation des agents de l'État n'a pas si bien progressé depuis ..

La recherche de preuves est une entreprise très fastidieuse. En raison des relations politiques et commerciales de Yashily et des nombreuses ressources judiciaires dont ils disposent, personne n'osa m'aider en Chine à ce moment-là. Je ne pus compter que sur moi-même, avancer vaille que vaille et mener à bien cette tâche. J'ai tout d'abord identifié les suspects clés, puis j'ai trié et vérifié les enregistrements et les documents manuscrits pertinents à ma recherche. Je découvris de nombreux points douteux, notamment parmi les enregistrements et les déclarations de témoins que fournirent Yashily et les négociateurs de Scient à la police. D'ailleurs, Yashily et la police locale s'entendirent pour menacer ma famille à Pékin, avant de leur demander de signer les fausses déclarations et s'ils ne s'y conformaient pas, on les persuada qu'ils seraient arrêtés et envoyés en prison avec moi.

Une fois tous les éléments assemblés, synthétisés et triés, j'essayai, à nouveau, de tirer un portrait global de cette affaire : Yashily se mit à contacter avez acharnement la seule victime qui persistait dans sa lutte pour défendre ses droits légitimes, puis demanda à la famille de la victime de lui verser « une somme d'argent considérable à titre de compensation ». Ensuite, ils feignirent de négocier avec moi et m'incitèrent à rédiger une demande d'indemnisation additionnelle, supposément « fictive et illégale », alors qu'au même moment, ils signalèrent ma soi-disant tentative d'« extorsion » aux forces de police. De cette manière, Yashily parvint à monter une tentative « d'extorsion » de toutes pièces.

Les enregistrements qu'utilisa Yashily contre moi lors du procès ne pourraient pas, dans un cadre légal normal, conduire à ma condamnation. Au contraire, ceux-ci témoignent de leur propre supercherie et constituent, par la même, des témoignages concluants et probants contre eux puisqu'ils montrent de quelle manière ils s'y prirent pour retourner cette affaire contre nous, les victimes. Les enregistrements montrent clairement et distinctement la manière dont ils s'y prirent pour nous fourvoyer, ma mère et moi. L'enregistrement de notre négociation à l'hôtel CuiGong (ou Jade Palace en anglais) à Pékin témoigne clairement des méthodes mises en place pour nous fourvoyer.

Les négociateurs de Yashily et de Scient nous répétèrent à maintes reprises : « Nous voulons résoudre ce problème avec votre famille lors de notre prochaine visite à Pékin, et pour cela il nous faut un chiffre précis de votre part. » Et nous de leur répondre : « D'accord, dites-nous quelle est votre position à ce sujet. ». Le négociateur de Yashily nous répondit : « Qu'importe, soyez précis, ça nous conviendra. » Puis ils continuèrent de nous marteler: « Trois millions de yuans, vraiment ? C'est..., c'est bien une somme totale de 3 millions de yuans, en êtes-vous certains ? ». Lors d'un enregistrement audio, l'on peut entendre la manière dont ils tentèrent de nous inciter, ma mère et moi, en nous disant : « Et si vous le notiez pour que ce soit encore plus clair ? Allons chercher des papiers et un stylo pour que vous puissiez le noter. » Dans le hall de l'hôtel, les négociations se déroulèrent intensément. À l'extérieur du hall, une équipe de tournage en circuit fermé filmait en retrait par la fenêtre, planqués dans les buissons, cette séance de négociation. Les négociateurs d'ajouter : « Nous faisons également un rapport pour notre président (Zhang Lidian), et Zhang a ordonné que vos demandes écrites sur papier soient plus claires et qu'il soit préférable de régler cette question avec vous. » « S'il vous plaît, signez JUSTE votre nom (sur le papier de réclamation), et nous retournerons lui parler avec les papiers. »

Le patron Zhang (Zhang Litian, nom complet) était le président du groupe Guangdong Yashily Int'l et le président de la société Scient JV (Guangzhou) dans le Guangdong. Il a également été plus tard président de Yashily International, un géant chinois de l'industrie laitière coté à la bourse de Hong Kong. Il était alors membre de l'Assemblée populaire nationale. Nous refusâmes de signer ce document et leur avons dit : « Vous nous dites que Chen Minhui, ici présent, est le directeur des affaires étrangères de Yashily et qu'il est également originaire de la région de « ChaoShan ». Vous deux, qui avez négocié avec nous, ne pouvez-vous simplement pas vous porter garant de cette conversation ». Et Duan Genghui et Chen de nous répéter : « Vous devez absolument le signer, et nous vous reviendrons une fois que nous en aurons discuté avec notre patron. » Nous avons insisté pour ne pas signer, en leur disant : « Regardez, M. Chen est ici en tant que témoin. Enregistrons notre conversation pour que vous puissiez vous y référerez auprès de votre patron. »

L'enregistrement comprend également les appels téléphoniques ultérieurs de Yashily. Ceux-ci vinrent me voir à plusieurs reprises pour négocier. Il est évident qu'ils poussèrent les négociations avec nous simplement afin d'évaluer si nous continuerions à utiliser l'exposition médiatique pour dénoncer ce scandale, de préparer leurs fausses accusations et leurs coups montés contre ma démarche entreprise pour défendre les droits de ma la famille.

Ainsi, avant même d'entamer les négociations avec nous, Yashily & Scient signalèrent l'affaire à la police locale. Comme il n'y avait pas, à ce moment-là, suffisamment de preuves pour m'arrêter et m'inculper, ils ne purent déposer légalement une plainte contre moi, et signalèrent donc l'affaire avant de recueillir les preuves nécessaires. Ainsi, après avoir contacté la police de Chaozhou avec laquelle ils étaient de connivence, tant politiquement que financièrement, ils continuèrent à apporter des corrections jusqu'à ce que je prononce ce dont ils avaient besoin pour monter leur dossier contre moi pour « extorsion et chantage ». Comme le département de police les aida à fixer les conditions pour déposer une plainte pénale contre moi, je me suis vite retrouvé pris comme une mouche dans une toile d'araignée. Ainsi parvinrent-ils à dissimuler la vérité et étouffer l'affaire.

L'un des derniers enregistrements avant mon arrestation à Hangzhou, dans la province du Zhejiang, montre le négociateur de Yashily, Duan et leurs cadres supérieurs de crier : « Nous devons l'attraper et le faire tuer cette fois ! J'espère que vous reviendrez triomphants, je vous y encourage vivement » ou « Nous sommes ici pour le piéger et le laisser mourir en prison. »
Ces fausses accusations et ce coup monté furent mis en évidence par les enregistrements fournis par Yashily elle-même. Il est évident que ces preuves contre moi ne font que témoigner de leur propre crime. Non seulement ne peuvent-elles pas prouver ma dite « tentative d'extorsion », mais en plus, montrent bien que toute cette affaire fut sciemment montée contre moi. Tout cela est d'autant plus grotesque que les autorités judiciaires de Chaozhou coopérèrent ouvertement avec Yashily, brouillèrent délibérément les pistes et acceptèrent ces preuves bancales et fallacieuses, ce que seule une coopération malveillante entre Yashily (surnommé « An Evil Forces ») et le gouvernement local et les services judiciaires peut expliquer ! Déterminés à se débarrasser de moi, ils montèrent donc cette affaire de toute pièce. Il est fort probable qu'aucun d'entre eux ne s'attendit à ce que je persiste, expose et reporte le jugement en appel après cinq ans d'emprisonnement.

J'ai effeuillé les documents du dossier un par un. Et une ancienne avocate m'informa qu'elle pensait qu'une certaine Zhang Lin avait certainement une main dans cette affaire. Mme Zhang fut la collègue et l'amie de mon ex-femme. Je ne l'ai rencontrée qu'une seule fois, lorsqu'elle voulait m'emprunter des devises étrangères, ce que je lui refusai. Plus tard, lorsqu'elle apprit que notre enfant fut contaminée par le lait maternisé frelaté de Yashily, elle nous proposa son aide.

Selon les documents fournis par Yashily et les dossiers rassemblés par la police de Chao'an à Guangdong, ZhangLin est une ancienne collègue de ma femme et une amie qu'elle rencontra chez AirChina, à Pékin. Elle fournit des déclarations en tant que témoin pour Yashily, y compris ses adresses professionnelles et personnelles actuelles. Grâce à ces informations, je pus la retrouver et découvris que le contenu de sa déposition fut entièrement faux et truqué, remettant en question la fiabilité du témoignage qu'elle fournit à Yashily. Plus tard, je découvris dans les archives que Zhang entretenait une relation commerciale avec Yashily, notamment dans le domaine de la publicité, et qu'elle souhaitait représenter Yashily pour ses activités de publicité laitière en Chine continentale. L'impact et les conséquences du scandale du « lait frelaté à la mélamine » en Chine furent si importants qu'ils affectèrent évidemment les activités publicitaires du secteur laitier de l'entreprise. Zhang et Yashily profitèrent donc de cette occasion pour s'entendre et s'échanger mutuellement de fausses déclarations. Le document indique bien que Zhang Lin conseilla à la direction de Yashily de me signaler à la police pour « chantage », mais il va sans dire qu'elle ne pouvait se retrouver seule derrière cette machination. Dans l'enregistrement, Zhang déclare : « Lui, GuoLi, souhaite simplement profiter de cet incident pour vous faire chanter, il vous demandera toujours plus d'indemnisations. Si vous lui donnez cet argent, il ne s'arrêtera pas. Une fois l'accord signé, il aurait dû s'arrêter, mais il ne l'a pas fait, et il continuera ses démarches. «GuoLi fait perdre de l'argent au groupe Yashily. Vous devriez immédiatement prendre les mesures juridiques nécessaires pour l'inculper. Pourquoi votre entreprise ne le poursuit-elle pas pour extorsion ? » Au cours de la procédure de vérification, je découvris également une chose bien triste.. Une semaine avant mon arrestation, mon ex-femme rédigea, dans mon dos, une déclaration au conseil d'administration de Yashily, déclarant qu'elle s'opposait fermement à mes actions en justice et déclara que notre enfant fut en bonne santé et ne présentait aucun symptôme lié de près ou de loin au scandale des préparations frelatées à la mélamine. C'est étrange. Parfois accompagnés de sa mère TaoXin, nous emmenâmes notre bébé à l'hôpital pour passer une échographie de type B, un examen de santé et un traitement médical et elle y retourna plusieurs fois seule, et toutes deux avaient des dossiers médicaux et des diagnostics. Comment se fait-il que l'enfant malade ne présentât soudainement aucun symptôme ? Se pourrait-il qu'avec une seule déclaration de sa part, les autorités judiciaires du Guangdong parvinssent à révoquer d'un revers de la main les examens menés par l'Institut de recherche pédiatrique de Pékin et de l'Hôpital pédiatrique de Pékin, et même ceux que mena l'Hôpital de maternité et pédiatrique de Haidian, qui fut chargé du dépistage des échographies de type B, des analyses d'urine et des rapports de laboratoire sanguin ? La déclaration de mon ex-femme est manifestement infondée et fut rédigée dans l'unique but de collaborer pleinement avec la justice du Guangdong afin qu'il puisse monter un dossier contre moi. Bien pire encore, les deux niveaux de tribunaux de Chaozhou violèrent, d'une part, le principe de l'État de droit pendant les sessions du procès et, d'autre part, acceptèrent de faux témoignages ! Assurément, cette fausse déclaration joua un certain rôle « clé » dans ma condamnation et mon emprisonnement.

À ce sujet, après ma libération, TaoXin, la grand-mère de mon enfant, m'avoua : « Li, il y a certaines choses que j'aimerais t'expliquer. ». « Que veux-tu m'expliquer ? », lui demandais-je, et elle de répondre : « En fait, je n'ai pas eu la chance de bien lire les documents que m'ont fait remplir et signer les policiers. Ils ne m'en laissèrent pas le temps ». En fait, la police du Guangdong vint à Pékin pour lui forcer la main. Ma grand-mère, résignée, les a simplement signés. « Je te comprends », lui dis-je, et lui pardonna. Certains membres de ma famille croient encore que j'ai commis un crime. Je peux les comprendre et peux leur pardonner. Mais se leurrer quant à la maladie de mon enfant en affirmant que tout ceci n'est que mensonge, ça, je ne peux le pardonner. Ce fut là mon principe et ma ligne de conduite jusqu'à la fin.

Après ma sortie de prison, j'abordai avec mon ex-femme des questions sensibles telles que la garde de notre enfant avec mon ex-femme, les conséquences de son état de santé mental et d'indemnisation par les agents de l'État. Elle et sa famille se montrèrent réticentes et prirent définitivement leurs distances avec moi. D'une certaine manière, je la respecte parce qu'après tout, elle a réussi à fonder une nouvelle famille. Par la suite, je tentai de la revoir, mais elle ne voulait pas me rencontrer ni parler davantage de l'avenir de notre enfant, alors j'ai fini par abandonner.

En ce qui concerne le faux témoignage de mon ex-femme, je les considère sous deux angles. D'une part, bien sûr d'un point de vue émotionnel. je ne veux ni peux pas la tenir directement pour responsable, et j'espère seulement qu'elle acceptera un jour la vérité. J'ai également demandé à sa famille de lui dire de ma part que j'espérais qu'elle se ressaisisse et m'explique un jour clairement les circonstances dans lesquelles elle rédigea cette « fausse » déclaration pour Yashily et ses motivations pour rédiger une telle déclaration. Le verdict inique dont participe, toute mesure gardée, son témoignage est une question d'un autre ordre (criminel). Comme je craignais qu'elle devienne le bouc émissaire de Mengniu Yashily, je lui suggérai de se rendre d'autant plus, que j'ai pu consulter les dossiers de l'affaire et en approfondir certains aspects. Dossiers que mon ex-femme, elle, ne peut pas consulter.. J'espère donc qu'elle prendra le partie de la vérité dès que possible, pour qu'elle se protège elle-même d'abord et qu'elle ne devienne pas un pantin pour Mengniu Yashily, les forces du mal de l'industrie laitière chinoise. Je comprends aussi qu'une femme qui se sent menacée choisisse de se protéger, et pour cela je lui pardonne ses gestes. Pour toutes ces raisons, et conséquemment, lorsque je fus interviewé par les médias, jamais je n'évoquai l'idée de la poursuivre, et jamais n'ai-je inclus son nom dans la liste des principaux suspects contre lesquels je portai une accusation de faux témoignage.

Durant mon enquête, je clarifiai également un fondement juridique majeur : l'indemnisation de trois millions de yuans que nous avions proposée à Yashily à l'époque est bien légale et même protégée par la loi du consommateur, tant que celui-ci s'avère bel et bien lésé ou blessé par le contrevenant, et donc ne relève pas du tout de l'extorsion de fonds prévue par le Code pénal. Cette demande d'indemnisation ne peut même pas mener à une affaire pénale.

Après ma sortie de prison, alors que je reportais le jugement en appel et portais plainte contre les injustices dont je fus victime, certains avocats voulurent m'aider, et je fus approché par quelques avocats réputés. Cependant, au cours de nos rencontres, ces avocats prirent conscience de l'étendue du pouvoir commercial et politique de Yashily et lorsqu'ils apprirent son passé commun avec certains dirigeants du PCC, à l'échelle nationale, ils reculèrent de peur, et certains d'entre eux tentèrent même de me dissuader de poursuivre mes démarches juridiques. Certains d'entre eux voulaient gagner de l'argent et attiser l'attention médiatique, et me demandèrent des honoraires d'agence gonflés. Parmi eux, certains dont les connaissances professionnelles et le caractère sont, à mon avis, trop médiocres ne passèrent pas le test. Un cabinet d'avocats m'a même proposé de prendre en charge l'une de mes affaires, à la condition qu'il puisse déclarer publiquement que ma mère XinHong fut leur employée contractuelle. J'ai alors ajouté : D'accord, vous verserez d'abord à ma mère six mois de salaire, afin que vous puissiez démarrer notre activité de services juridiques conformément à la loi.

Après mûre réflexion, je n'ai choisi aucun avocat. J'ai mené mon affaire seule, avec ma mère. Je vérifiai moi-même les preuves et je demandai à mes amis, comme Tina YZ, de m'aider à les trier. Bien que tout ceci soit ardu, il y a, au fond de mon cœur, une source intarissable de laquelle je tire ma force pour persévérer dans la lutte.

Je me suis rendu au tribunal du comté de Chao'an et au tribunal intermédiaire de Chaozhou, dans la province du Guangdong, pour examiner les dossiers, mais je rencontrai quelques réticences de leur part. J'ai toujours insisté pour vérifier et copier tous les dossiers conformément à la loi, jusqu'à ce qu'ils n'aient d'autre choix que d'accepter. Enfin, je pus accéder à presque tous les dossiers et les copier. Face à une pile de documents, il est difficile de se lancer. Certains documents comptent à eux seuls plus de 20 000 mots. Il est aisé de s'imaginer que le procureur et le juge en charge de l'affaire manquèrent de patience et n'aient pas lu ces documents dans leur intégralité. Lors de mon appel en deuxième instance, la décision du tribunal a été rendue quelques jours plus tard. Le juge n'a peut-être pas eu assez de temps pour examiner l'affaire. Mais toute cette paperasse n'est rien comparé à la torture physique et mentale et aux abus que je subis dans leurs centres de détention et leurs prisons. De si petits désagréments ne peuvent pas me vaincre !

Heureusement, ma mère me comprend très bien. Bien qu'elle vieillisse et que sa santé se fragilise, elle est toujours à mes côtés et m'a toujours fermement soutenue. Afin de recueillir des informations sur mon « dossier d'indemnisation des agents de l'État », je retournai à la prison de Jieyang, là où l'on m'avait injustement emprisonnée pendant plus de 4 ans. Bien que mon humeur à cette époque fut plutôt instable, je ne me défilai pas et revins sur place, non plus en tant que « criminel », mais en tant que citoyen libre, en tant que défenseur des droits de l'homme. Pour poursuivre mon idéal de justice et pour rétablir mon innocence, je suis allé recueillir des preuves auprès de la direction de la prison de Jieyang. Lorsqu'un gardien de prison, pourtant si méprisant et brutale à l'époque, m'a vu entrer, il se mit au garde-à-vous d'un seul coup, et j'en fus surpris. Je ne pouvais m'empêcher de le scruter. Son chapeau de policier était bien mis, et non plus en biais sur le sommet de sa tête comme auparavant. Son uniforme fut également bien ajusté et porté selon les normes. Les boutons de sa chemise furent bien boutonnés, ses chaussures en cuir bien cirées, et la ceinture autour de sa taille bien nouée. Son visage semblait très tendu et sérieux. Il ne ressemblait plus aux voyous aux yeux bridés, au sourire narquois, cigarette à la main, que j'avais connu à l'intérieur des enceintes de la prison. Je ne pus m'empêcher de lever la main droite pour redresser son uniforme de policier et le complimentais : « Vous avez l'air en forme aujourd'hui. » Il sourit timidement, baissa la main qu'il avait levée en guise de salut, se retourna et se pencha pour nous soutenir, ma mère et moi.

J'ai vu quelques autres gardiens de prison en chemin vers le siège de la prison. Dès qu'ils me virent passer, tous se mirent au garde-à-vous contre le mur et redressèrent leur posture. Une fois arrivées au siège de la prison, nous frappâmes à la porte. Elle s'ouvrit. À peine l'employé me reconnut-il, qu'il replaça ses vêtements, reprit sa posture assise, et mit ses mains sur ses jambes. Son apparence autrefois « autoritaire » semblait totalement disparue. Bien que cet environnement soit intimement mêlé à mon expérience carcérale, mon esprit s'apaisa. À en juger par leurs expressions et leurs actions, ils semblaient me considérer désormais vraiment comme un être humain (et non plus comme un animal), et semblèrent même éprouver un peu de remords ou de crainte dans leur cœur ; et en même temps, je crois, qu'au fond, ils me respectaient comme l'on respecte un véritable combattant avec un grand C. Peut-être que cette attitude à mon égard fut le signe d'une transformation véritable de leur humanité.

Après ma libération de la prison de Jieyang, je continuai à défendre mes droits. Je porte souvent un T-shirt ou un sweat à capuche blanc sur lequel j'ai imprimé une affiche à mon effigie que l'on pouvait retrouver sur la couverture de quelques magazines à travers le monde. Après avoir passé des années dans les cellules les plus sombres de la prison, mes yeux devinrent sensibles à la lumière du soleil, alors je porte toujours des lunettes de soleil lors mes activités quotidiennes en plein air. Comme j'ai été frappé violemment à la colonne vertébrale dans le bas du dos et que les coups répétés des chefs de cellule en prison me causèrent une fracture, j'ai souvent des crampes et des spasmes aux jambes et aux pieds pendant la nuit, mon corps ne supporte pas le poids supplémentaire et je marche d'un pas chancelant que je stabilise à l'aide d'une canne. Une telle tenue peut sembler pour le moins « particulière » pour les étrangers. Les passants me regardent souvent avec curiosité, et je me dis : « Oh, ce n'est pas grave. Après la prison, qu'est-ce que ça peut me faire ? ». C'est ainsi que j'ai rendu visite aux services politiques et judiciaires concernés, même au Comité permanent de l'Assemblée populaire nationale et à d'autres services du PCC à Guangzhou, Chaozhou et Shenzhen, et que j'ai soumis des rapports, des accusations et des plaintes aux tribunaux et à la Cour suprême de la République populaire de Chine dans la province du Guangdong.

Le 21 mai 2015, la Haute Cour provinciale du Guangdong rendit sa décision pour une deuxième fois. Le juge déclara que les preuves présentées lors des procès précédents et que la révision du second jugement présenta des points d'ombre et, par conséquent, qu'elles ne pouvaient mener à ma condamnation. Cette fois, le procès de révision fut immédiatement transféré à la Haute Cour provinciale. Il est extrêmement rare qu'une affaire en réexamen soit entendue par la Haute Cour provinciale elle-même. La Haute Cour provinciale statua que : Scient JV et Yashily Group prirent sciemment l'initiative de contacter GuoLi, la victime, et que celui-ci, incité par le groupe Scient JV et Yashily, formula une demande d'indemnisation (réclamation) additionnelle pour la catégorie et le montant de l'indemnisation, ce qui relevait du domaine des litiges civils.

# Chapitre V

Recueillir des preuves, rétablir la vérité et renverser le verdict en non-culpabilité

Le 8 août 2016, un peu plus de deux ans après ma sortie de prison, la Haute Cour de la province du Guangdong tint une audience sur cette affaire. Le parquet de la province du Guangdong émit un avis de deux pages, que j'appris quasiment par cœur, intitulé : Opinions de la comparution du procureur dans le cas de la révision du procès du parquet populaire de la province du Guangdong.

[Texte]

Président du tribunal, Juges :
Conformément à l'article 245 du Code de procédure pénale de la République populaire de Chine, nous fûmes désignés par le Parquet populaire provincial du Guangdong pour représenter cette affaire devant le tribunal. Nous exerçons nos fonctions conformément à la loi dans le cadre du nouveau procès de la Haute Cour du Guangdong quant aux accusations d'extorsion de l'appelant, Guo Li.

Afin de permettre au tribunal d'examiner avec clarté les faits, d'appliquer adéquatement le droit chinois et de rendre un jugement équitable, nous soumettons par la présente les observations quant aux faits et aux preuves du dossier :

Votre attention, s'il vous plaît :

Les preuves existantes jusqu'alors présentées sont insuffisantes pour prouver que l'appelant GuoLi, lors du procès initial, eut l'intention subjective de possession illégale. Selon l'article 274 de la loi sur la procédure pénale de la République populaire de Chine, le crime d'extorsion consiste à menacer ou intimider une tierce partie dans le but d'une possession illégale, afin de s'emparer d'une quantité considérable de biens publics ou privés, ou de commettre plusieurs actes d'extorsion. L'objectif de possession illégale se réfère à la possession illégitime ou à l'intention de s'approprier les biens d'autrui sans fondement juridique.

Dans cette affaire, tout d'abord, l'enfant de l'appelant GuoLi consomma du lait infantile frelaté à la mélamine de la marque Scient. Après un examen de santé effectué par l'hôpital BTPZ du district de Haidian à Pékin, il fut confirmé que de multiples échos ponctués et intenses furent présents dans le système collecteur central des reins de l'enfant, prouvant que son organisme fut lourdement affecté par le produit laitier Scient de Yashily. En tant que tuteur légal de son enfant, GuoLi peut légalement réclamer une indemnisation auprès du fabricant de produits laitiers. Sa demande repose sur une base juridique et poursuit un objectif légitime.

Deuxièmement, Guo reçut une compensation de 400 000 RMB (~57 000 USD) de la part de la société Scient JV, et promit de ne pas poursuivre le procès et renonça à sa demande d'indemnisation. Par la suite, GuoLi a de nouveau formulé une demande de 3 millions de RMB (~428 000 USD), ce qui souleva la question de savoir s'il avait perdu la légitimité de son objectif.

Le jugement définitif du premier procès de révision estima qu'on ne pouvait que difficilement considérer que ce montant "actualisé" comme une demande légitime d'indemnisation pour préjudice, et que GuoLi manifesta dès lors une intention subjective de possession illégale.

À ce sujet, nous, le parquet, estimons que le jugement initial confondit la distinction entre les droits et les objets auxquels ces droits se rapportent, et qu'il utilisa à tort le montant de l'indemnisation comme critère pour déterminer l'existence d'un droit.

Il existe bien une relation juridique d'infraction entre le fabricant de lait infantile et l'enfant de Guo. Guo a donc le droit de réclamer une indemnisation conformément à la loi. En tant que représentant légal de sa famille, GuoLi formule ses demandes en s'appuyant sur les faits liés à l'infraction, indépendamment de sa cible.

Quel que soit la somme réclamée ou le nombre de réclamations effectuées, en demandant une indemnisation il ne fit qu'exercer son droit et n'affecta pas la légitimité de son objectif.

Quant à savoir si Guo a violé le principe de bonne foi, ou si sa demande de 3 millions de RMB (~428 000 USD) peut être satisfaite, cela ne peut être déterminé que par une négociation entre les parties concernées ou par un jugement rendu par le tribunal conformément à la loi chinoise.

Avant cela, il s'agit d'un débat juridique civil controversé. La demande d'indemnisation de 3 millions de RMB formulée par Guo constitue un exercice de ses droits civils et ne relève donc pas de la possession illégale.

2. Le comportement de l'appelant GuoLi lors du procès initial ne répondait pas aux exigences objectives établies par le droit pénal en matière d'extorsion.

Dans le cadre de sa demande d'indemnisation, Guo déclara au groupe Yashily International et à la société Scient JV que si les exigences de sa famille ne furent pas satisfaites, des rapports négatifs seraient publiés dans les médias nationaux et étrangers, ce qui pourrait amplifier l'impact, rendant la situation incontrôlable pour ces entreprises, voire les conduire à la faillite.

Cela montre que la méthode de défense employée par Guo consistait à menacer d'exposer l'affaire aux médias.

Cependant, selon l'article 6 de la Loi chinoise sur la protection des droits et intérêts des consommateurs, cette loi encourage et soutient toutes les organisations et tous individus dans l'exercice d'une surveillance sociale des pratiques commerciales nuisibles aux droits et intérêts légitimes des consommateurs.

Les médias de masse ont pour rôle d'assurer une couverture adéquate afin de protéger ces droits et d'informer le public sur les actions portant atteinte aux consommateurs. Ces actes doivent ainsi être soumis à la supervision de l'opinion publique.

Par conséquent, les consommateurs peuvent exposer et de critiquer, par l'entremise des médias, des pratiques commerciales portant préjudice à leurs droits et intérêts.

La menace de GuoLi de révéler l'affaire aux médias fut raisonnable et légale, et ne répondait pas aux critères comportementaux objectifs permettant de qualifier un acte d'extorsion.

En résumé, le comportement de l'appelant GuoLi lors du procès initial ne remplissait pas les éléments subjectifs et objectifs du crime d'extorsion, et ne constituait donc pas une infraction pénale d'extorsion.

La Cour populaire intermédiaire de Chaozhou, dans son arrêt pénal (2010) ChaoZhongFa XingZaiZi No. 1, a commis une erreur en condamnant GuoLi.

Afin d'assurer l'unité et la correcte application de la loi, de maintenir l'équité judiciaire, de sanctionner précisément les infractions pénales et de protéger les droits légitimes de l'accusé, les opinions ci-dessus du parquet sont formulées conformément à l'article 245, section 2 du Code de procédure pénale de la République populaire de Chine.

Le collège de juges doit examiner attentivement cette affaire et rendre un jugement équitable concernant Guo, conformément à la loi.

Discours prononcé devant la Haute Cour. Signé par : le Parquet populaire de la province du Guangdong.

# Chapitre V

En tant que témoin majeure dans cette affaire, ma mère XinHong déclara à la cour et au procureur ce qu'elle avait véritablement vécu. Son témoignage montre bien que toute cette procédure de réclamation fut menée avec transparence, en toute connaissance de cause de la famille de la victime, de Yashily & Scient et des médias qui couvrirent le dossier. Nous, en tant que victimes, nous n'avons commis aucune forme d'extorsion.

En raison du fort engouement médiatique et publique suscité par le scandale du « lait frelaté à la mélamine » en Chine, lorsque ma seconde demande de révision fut acceptée jusqu'à l'audience, de nombreux médias s'emparèrent de l'affaire dont le célèbre média chinois [ Caixin ], lequel publia plusieurs reportages exclusifs à ce sujet.

Au cours de cet entretien, un grand reporter analysa l'affaire avec moi. Compte tenu de l'environnement judiciaire de l'époque et du contexte politique et commercial favorable à Yashily et à Scient Joint Venture dans le Guangdong, il estima que les chances d'obtenir un acquittement serait très faible, mais je ne me suis pas découragé pour autant. Toutes ces difficultés ne m'empêcheront pas d'avancer, au contraire, elles sont ma source de motivation ; toutes ces difficultés que je parviens à surmonter ne sont que les témoins de ma persévérance.

Une fois que fut tombé le verdict de non-culpabilité, un avocat de la « XU Zhiyong* Lawyers' Team » est venu à ma rencontre. Cette équipe d'avocats représentait un groupe familial d'une cinquantaine de bébés et de jeunes enfants victimes du scandale des « préparations pour nourrissons frelatées à la mélamine ». Après que le scandale éclata en 2008, les parent de ces bébés et jeunes enfants empoisonnés par du lait en poudre Yashily et Scient s'en remirent conjointement à l'équipe de XU Zhiyong pour défendre leurs droits légaux et intenter un recours collectif à Pékin. À cette époque, le plus grand obstacle et le plus grand problème qu'ils rencontrèrent fut le manque de preuves solides, comme celles que j'avais personnellement rassemblées auprès du département d'inspection de la sécurité alimentaire de l'Administration générale de la supervision de la qualité, de l'inspection et de la quarantaine, et qui me permirent d'établir si les préparations consommées par mon enfant présentaient des anomalies et contrevenaient aux normes de sécurité alimentaires. À ce moment-là, des assistants de l'équipe de XU Zhiyong, comme LIN Zheng, l'avocat PENG Jian et l'avocat HOU, vinrent me demander de l'aide. Je n'ai pas hésité une seconde et leur ai fourni une photocopie du rapport d'évaluation de la préparation pour nourrissons Scient de Yashily que j'avais obtenu à mes propres frais.

Après ma sortie de prison, un avocat de l'équipe de Peng Jian, l'avocat de XU Zhiyong, m'a rencontré dans un café à Pékin et m'informa des résultats du dossier qu'il prit en charge quelque temps après mon arrestation en 2009. À ce moment-là, Yashily & Scient leur envoya ses conseillers juridiques comme Wu Xiaonan après qu'ils découvrirent un lien entre ces anciens élèves de l'Université chinoise de sciences politiques et de droit (中国政法大学) de Pékin. Ils prirent un vol d'urgence de Guangzhou jusqu'à Pékin avec plus de trois millions de yuans en espèces et prirent rendez-vous avec l'équipe de XU pour négocier une indemnisation pour les dizaines de familles de victimes. Les négociations prirent fin lorsque les deux partis concernés parvinrent à un « accord de règlement ». Cet accord stipulait que Yashily & Scient s'engageait à verser une indemnisation unique à chaque famille membre du recours collectif. Le demandeur et ses avocats ont mis en cause Yashily & Scient en raison de la consommation présumée de produits Yashily et Scient contenant de la mélamine. Quant aux plaintes liées aux problèmes de santé causés par le lait en poudre, les demandeurs convinrent que celles-ci seraient levées du tribunal du district de Haidian à Pékin dès qu'un « accord de règlement » serait passé. En outre, les demandeurs et leurs avocats convinrent de ne plus jamais poursuivre Yashily et Scient ou de leur réclamer une nouvelle indemnisation. Enfin, ils convinrent que les avocats concernés ne pourraient plus représenter les plaignants d'enfants lésés dans des circonstances semblable, en Chine.

Plus de 50 parents et leurs avocats signèrent l'« accord de règlement » avec Yashily & Scient. Lorsque nous nous sommes rencontrés au Café, PengJian, l'un des avocats de l'équipe juridique, me partagea ses regrets, m'avouant qu'ils avaient, en signant cet accord avec Yashily & Scient., bafoués les engagements (la conscience éthique) de la Pratique. D'une certaine manièr, ils avaient compromis les intérêts légitimes des enfants et, par-là même, compromis l'avenir de la sécurité alimentaire en Chine, et ce, en échange d'un « accord de règlement » dont les conditions furent établies par les fabricants eux-mêmes. Autrement dit, ils s'étaient indument compromis et n'avaient pas su tenir tête aux fabricants. Ils éprouvaient des remords et, devant leurs actes, éprouvaient un certain malaise. En fin de compte, il ajouta : « Guo, tu as raison de lutter sans relâche, et de ne pas reculer devant les « forces du mal ». « La Chine manque de guerriers comme toi. Le milieu judiciaire en charge de la sécurité alimentaire de la Chine doit prendre exemple sur ta résilience s'ils désirent protéger ces citoyens. Si tout le monde agissait comme nous avons agis pour ces 50 familles lésées, le problème de la sécurité alimentaire en Chine s'aggraverait, et il n'y aurait plus aucune garantie de sécurité ! Yashily (les forces du mal) persistera dans sa voie ...

Bien que l'équipe d'avocats de XU Zhiyong ne m'ait pas été d'une grande aide dans ma lutte contre cet emprisonnement inique, que son équipe professionnelle reconnaisse le bien-fondé de ma lutte fut pour moi d'un grand encouragement.

Après toute cette agitation, il y eut un période d'accalmie. Une fois que la Haute Cour provinciale du Guangdong et le Parquet provincial ouvrirent un tribunal pour réviser l'affaire et qu'il fut émis un avis du parquet, les démarches stagnèrent pour un long moment. Pendant cette période, je voyageai en Europe. Lors de mon transfert vers la France, à partir de l'aéroport de Bruxelles en Belgique, et de mon retour au pays, j'avais initialement réservé un billet aller-retour en classe économique chez China Hainan Airlines. Lorsque j'ai voulu monter à bord de l'avion à l'aéroport, j'ai été arrêté par le personnel au sol de l'aéroport de Bruxelles. On me prévint qu'il n'y avait pas de prénommé « GuoLi » dans le système informatique des clients de l'aviation civile. Après plusieurs demandes, un responsable de l'aéroport contacta un représentant de Hainan Airlines pour moi. Après quelques vérifications sommaires, le représentant me déclara : « M. Guo, il n'y a effectivement aucune information sur le billet de retour pour votre vol actuel. Ce n'est pas grave, si vous devez retourner en Chine aujourd'hui, la compagnie peut vous fournir un billet en première classe. Cela m'inquiétait, car j'avais pris le siège le plus abordable à la dernière rangée de la classe économique. Si je voulais passer en première classe, je devrais débourser près de 20 000 yuans (~2 850,00 USD). Alors je leur répondis, confus : j'ai acheté un billet en classe économique, pourquoi me surclassez-vous à votre guise ? Et le représentant d'ajouter : M. Guo, le billet que nous vous offrons est gratuit, vous n'aurez pas à débourser de frais supplémentaires ».

Peu après mon retour en Chine, j'appris que la compagnie aérienne avait reçu des instructions de son système de contrôle interne du service supérieur compétent. Ces instructions les informèrent que je fus jugé « coupable » dans le cadre d'une affaire criminel en Chine, que je ne comptais fort probablement pas rentrer chez moi à Pékin après cette visite à l'étranger et qu'il fallait, par conséquent, annuler mon billet de retour en prévision d'un tel scénario.

Peu après ma sortie de prison en août 2014, je pris un train pour Guangzhou pour régler quelques affaires. En chemin, je voulus discuter de ma demande d'"indemnisation avec la coentreprise sino-américaine de Yashily. Au cours des années, le groupe Yashily connut de nombreux remaniements administratifs, à tel point que leur groupe devint méconnaissable. La première fois que je pénétrai dans leur immeuble à bureaux, les agents de sécurité et le personnel de la Chuangju Business Tower m'empêchèrent de monter au 12e étage. Peut-être était-ce la présence des médias nationaux et étrangers à mes côtés, quoi qu'il en soit, lorsque j'y retournai, non seulement le gardien de sécurité me laissa entrer sans discuter ! Des centaines d'employés du groupe Yashily paniquèrent à mon entrée, et tous abandonnèrent leur poste, n'osant se tenir devant moi. Tout d'un coup, les bureaux de Scient Co. à Guangzhou se vidèrent entièrement de ses employés. J'envoyai une lettre ouverte à la réception et au responsable du service juridique, en leur demandant de la transmettre à Yashily et au conseil d'administration de Scient. Aucun d'entre eux, y compris les avocats, n'osèrent prendre la lettre.

Finalement, je parvins à retrouver les bureaux du service juridique, mais il sembla que Wu Xiaonan, l'ancien avocat de l'entreprise, ne travaillait plus ni chez Yashily ni chez Scient. Le personnel du service juridique m'affirma qu'ils n'avaient jamais eu vent de mon cas. Au début, je pensais qu'ils essayaient de se défiler comme les autres, mais je découvris plus tard, qu'en effet, ceux-ci furent vraiment « mal informés ». Un peu avant que ne soit entamé par la Cours la seconde révision du verdict, le service juridique de la société Scient envoya une lettre à la Haute Cour provinciale du Guangdong, demandant « à connaître les faits détaillés et la divulgation complète de mon dossier ».

Le 8 août 2016, la Haute Cour provinciale du Guangdong tint un réexamen de l'affaire d'« extorsion » de GuoLi. Au tribunal, le procureur soutint que quel que soit le montant de la demande d'indemnisation, GuoLi n'avait fait qu'exercer ses droits légaux en matière de réclamation. Si le montant de sa réclamation ne convenait pas au fabricant, il s'agirait là d'un litige civil « controversé » et non point d'une infraction pénale. Le comportement de GuoLi et le montant de sa demande s'accordèrent avec la légitimité de son objectif. Par conséquent, l'on pouvait affirmer que, d'une part, son comportement ne constituait pas un délit d'extorsion et, d'autre part, que le premier jugement rendu et la peine d'emprisonnement de GuoLi fut totalement erroné. Après plusieurs heures de délibération, le tribunal annonça qu'il prononcerait son verdict ultérieurement.

À ce stade, la révision du verdict sembla marquer le début de la fin. Depuis lors, de nombreux médias produisirent des reportages sur ce deuxième procès de révision. Le 25 août 2016, « NanFangZhouMo » (南方周末报), l'hebdomadaire le plus populaire du sud de la Chine, publia un article spécial intitulé « Le dernier défenseur des droits contre la « mélamine » en Chine ».

Le 26 août, infzm.com (en chinois : 南方周末) publia quant à lui un autre article, et réalisa des entretiens avec des personnalités juridiques bien connues. Selon Zhang Yansheng, mon premier avocat de la défense en première instance, la laiterie Scient & Yashily orchestra une « négociation-piège » pour m'inciter à mordre à l'hameçon. Il affirma que la loi chinoise stipule bien que le consommateur ne peut être accusé de crimes d'extorsion si et seulement si celui-ci remplit une double condition : le contenu de la réclamation proposée au commerçant est illégal, d'une part, et, d'autre part, que les moyens qu'il met en œuvre pour réclamer cette somme sont illégaux. Dans le cas de Guo, il réclama une indemnisation aux fabricants fautifs par la voie de la négociation et exposa les activités criminelles des fabricants illégaux aux médias. En tant que consommateur, ce droit lui est accordé par la loi. Guo n'a ni employé des menaces ni marchandé des « frais de silence » illégaux ou réclamé de biens illégaux, de telle sorte que l'on ne peut l'accuser d'« extorsion ». L'analyse de Zhang fut reconnue et partagée par de nombreux experts juridiques en Chine. Chen Beiyuan, conseiller juridique du Conseil provincial des consommateurs du Guangdong, ajouta : « En tant que membre de la famille de la victime, GuoLi a le droit de réclamer une compensation financière à la société Scient. Avant que le tribunal ne soit impliqué, la loi autorise pleinement les consommateurs et les entreprises à négocier une indemnisation, même si cette indemnisation atteint des sommes colossales comme 100 millions de yuans (~14 280 000 USD). Il s'agit d'un litige civil typique, et il est évidemment erroné de le transformer en affaire pénale. »

Face aux doutes soulevés par ces témoignages et ces analyses, Lin Jinlin, directeur du centre des relations publiques et des médias de Yashily, affirma aux médias que toutes les preuves recueillies et les poursuites engagées par le groupe Yashily furent légales. Après le deuxième procès devant la Cour intermédiaire de Chaozhou en 2010, l'affaire GuoLi bénéficia d'une rare possibilité de révision, mais comme le verdict n'a pas été révoqué, il faut admettre que celui-ci ne pose aucun problème. Il déclara qu'il pensait que la Haute Cour provinciale du Guangdong rendrait, à nouveau, un jugement équitable. Lin déclara : « Après le scandale du lait frelaté à la mélamine en Chine, GuoLi emmena son enfant de deux ans à l'hôpital BTPZ dans le district de Haidian, à Pékin, pour un dépistage par échographie de type B. Le dépistage dévoila que « de multiples échos ponctuels forts peuvent être observés dans le système collecteur central des deux reins ». Certes, la fonction rénale de l'enfant fut gravement endommagée, mais cet hôpital (BTPZ) ne s'inscrit pas parmi les cinq hôpitaux secondaires désignés par le Bureau de la santé de Pékin pour le diagnostic (final). À ce moment-là, notre entreprise versa à Guo et sa famille une indemnité de 400 000 RMB (environ 57 000 USD). Lin ajouta que tout au long de cette affaire, Yashily maintint la communication avec Guo, mais que ces demandes déraisonnables dépassèrent « les limites de ce que notre entreprise pouvait tolérer ». Il a souligné : « Bien sûr, nous, Yashily, espérons régler ce différend par des moyens civils, mais Guo a de NOUVEAU mis nos entreprises sur le devant de la scène publique ! Nous n'avons d'autres choix que d'employer des moyens plus extrêmes et plus violents pour traiter avec LUI ».

Face à la question de la juridiction de cette affaire, un journaliste lui demanda : « Pourquoi l'affaire fut elle jugée dans le comté de Chao'an, dans la province du Guangdong, où se trouve le siège social de Yashily ? Le jugement stipule bien que Yashily et Scient constituent deux sociétés distinctes, alors pourquoi l'affaire n'a-t-elle pas été jugée à Guangzhou, où se trouve le siège de la coentreprise Scient ? ». Certains avocats demandèrent : « Est-ce que cela n'est-il pas suspect d'utiliser le système judiciaire local pour exercer des représailles contre Guo Li ? ». Et Lin Jinlin de répondre : « L'entreprise manque d'expérience en la matière ».

Enfin, Lin Jinlin termina son intervention en déclarant aux médias : « Si nous avions su que cela nous mènerait dans une telle situation, nous n'aurions pas fait ce (mauvais) choix. »

J'attends ces mots depuis huit ans.

Huit mois plus tard, le 7 avril 2017, la Haute Cour de la province du Guangdong tint une seconde audience sur la seconde révision du procès tenu sur l'affaire d'« extorsion ». Au cours de celle-ci, je présentai à la Haute Cours provinciale du Guangdong des preuves de mon innocence accompagnées d'un discours de défense et les conclusions de mon enquête. Après plus d'une heure de procès en huis-clos – et le renvoie des journalistes du Caixin qui se présentèrent trop tôt -, le juge rendit son verdict à la cour :

« Les témoignages et les dépositions censés tentative d'extorsion de GuoLi sont flous et les preuves bancales. D'après l'examen des preuves examinées à ce jour, le comportement et des demandes de Guo Li ne dépassèrent le cadre des litiges civils et, conséquemment, Guo ne peut être reconnu coupable d'extorsion. Les décisions et jugements de l'ancien tribunal intermédiaire de Chaozhou et du tribunal du comté de Chao'an sont révoqués. L'accusé GuoLi, jugé coupable lors du premier procès, est déclaré non-coupable et peut réclamer son indemnisation par l'État dans les deux ans suivant son acquittement conformément à la loi chinoise sur l'indemnisation par l'État ».

À 15 heures, le même jour, au neuvième tribunal de la Haute Cour provinciale du Guangdong, j'ai signé le procès-verbal de la condamnation finale de (2015) YueGaoFaShengXingJianZaiZi n° 19 et j'y ai écrit « La vérité triomphera toujours, et la loi triomphera toujours » (真理常存,法理常在) en huit grands caractères chinois.

Au moment où le verdict fut renversé, je ressenti une espèce de tristesse mêlé d'apaisement. Je n'étais ni excité, ni surpris, ni satisfait du résultat. Trop longtemps déjà, huit ans, huit longues années de ma vie furent ainsi gâchées !

Ce jour-là, de nombreux média m'attendirent devant la porte principale du tribunal. Après 16 heures, j'acceptai de donner une entrevue avec la télévision centrale chinoise (CCTV), qui produisit un reportage spécial intitulé « GuoLi, injustement emprisonné lors du scandale du lait en poudre à la mélamine : un coup-monté bien planifiée et montée de toutes pièces ». Je me souviens d'avoir prononcé ces paroles : « Je m'appelle GuoLi et mon enfant fut intoxiqué à la mélamine. J'ai tenté de défendre mes droits et ceux de ma famille, mais je me suis retrouvé poursuivi pour extorsion et j'ai été injustement emprisonné pendant cinq ans ». « Après ma libération, en 2014, j'ai poursuivi, seul, à défendre mes droits civils. J'aimerais vous raconter comment cette affaire a été « soigneusement » conctée par les membres du conseil d'administration du groupe Yashily et de ses sociétés affiliées. Certains hauts fonctionnaires de la police, du parquet et des tribunaux du Guangdong y collaborèrent également. Je tiens à raconter aux médias de quelle manière je parvins à déposer une seconde demande de révision entre 2013 et 2015, de quelle manière j'ai lutté contre ce jugement inique, pour finalement obtenir l'acquittement, prononcé aujourd'hui même par la Cours. C'est principalement de cela dont j'aimerais m'entretenir aujourd'hui. »

Le lendemain de mon acquittement, Mme Jiang Yalin, une mère du Guizhou et militante dans la province du Zhejiang pour la défense des droits des enfants intoxiqués à la mélamine, m'invita à Shanghai. Une équipe de reportage de Shanghai TV

Kankan News m'y accompagna. Mme Jiang me raconta que les calculs rénaux de son enfant n'avaient pas encore été complètement éliminés et, comme une bombe à retardement, on ne savait pas à quel moment ils allaient « exploser ». Elle ajouta qu'elle admirait ma rigueur au travail, qu'elle n'avait malheureusement pas les mêmes capacités, les mêmes preuves à sa disposition et les mêmes idées que moi. À l'époque, elle se doutait bien que le lait maternisé produit par Dumex qu'avait consommé son enfant fut à l'origine de ses problèmes de santé, ce que semblait confirmer le diagnostic de calculs rénaux. Malheureusement, elle ne conserva pas les reçus d'achat du produit et n'avait pas les moyens d'en analyser le niveau de mélamine. Lorsqu'elle apprit que le lait maternisé « Dumex » (多美滋). que distribuait à Shangai une entreprise à capitaux entièrement étrangers, ne fit pas partie des 68 lots de lait « officiellement » contaminés, elle parvint à rejoindre plus de 200 parents dont les bébés avaient consommé le même produit et souffraient également tous de calculs rénaux. Bien qu'ils tentassent, en vain, de défendre collectivement leurs droits, le tribunal refusa de prendre en compte leur(s) affaire(s). Les pétitions ne donnèrent guère plus de résultat. Elle me raconta qu'en collaboration avec d'autres parents, ils parvinrent un jour à collecter les fonds suffisants pour qu'un parent de Hangzhou, dans la province du Zhejiang, fasse inspecter un échantillon qu'il avait préservé, mais ils perdirent sa trace, et les démarches furent abandonnées. L'attitude du mari de Mme Jiang me parut encore plus ridicule ; par crainte que la lutte ne lui cause des ennuis, il profita de l'occasion pour remettre à WeiWenBan, une Agence de Stabilité Sociale, certaines des dernières preuves liées aux problèmes de lait maternisé (comme des T-shirts utilisés lors des manifestations) dans son dos.

À ce moment-là, certains parents, dont les enfants furent affectés par le lait frelaté à la mélamine Scient, reçurent une indemnisation supérieure à la « norme nationale chinoise » d'environ 2 000 yuans (~300,00 USD). Jiang Yalin exposa aux journalistes le règlement de compte qu'il y eut entre Yashily & Scient Companies et ces groupes de parents à Pékin. Néanmoins, il est en général bien ardu pour les autres victimes de défendre efficacement leurs droits. J'expliquai à Knews que, même en possession du rapport d'inspection d'un produit dont le taux de mélamine dépassa 132,9 mg/kg que je leur avais fourni, les avocats en charge du recours collectif à Pékin n'obtinrent qu'une compensation supplémentaire fort dérisoire.

Après l'annonce de mon acquittement, GongSun Xue, l'avocate qui me représenta en première instance, prit rendez-vous avec moi. Elle m'expliqua en détail les raisons pour lesquelles elle refusa de me représenter à la cour d'appel en 2015. Elle déclara qu'au même moment, alors que son cabinet s'apprêtait à me représenter, leurs avocats avaient pris en charge trois dossiers semblables (comme l'affaire NianBin), mais tous se terminèrent en queue de poisson. Au plus bas, les juges décidèrent à l'unanimité que les chances de succès de mon propre dossier furent extrêmement minces, et qu'il me serait impossible d'obtenir gain de cause ! Ma foi... n'ont-ils AUCUN espoir ?

Lorsque je les ai contactés pour leur demander de l'aide peu après ma libération en 2014, j'avais exprimé mon désir de porter à nouveau le jugement en appel depuis Pékin. Lorsqu'ils virent ma détermination inébranlable et qu'ils comprirent qu'il serait impossible de me dissuader, ils en profitèrent pour me demander des frais élevés avec des conditions assez sévères. De plus, ma mère et moi devions payer les honoraires de l'avocat en un seul virement, au cours de la première semaine avant que ne débute le processus. L'avocat Gongsun m'expliqua plus yard : « À l'époque, le but de notre cabinet (Beijing Dayu) fut en réalité de vous dissuader, pour que vous reculiez devant une entreprise si périlleuse. Nous n'avions aucune confiance en la justice chinoise ! Contre toute attente, aujourd'hui, grâce à votre seule résilience et persévérance, vous, GuoLi, avez accompli ce que nos avocats pensèrent alors impossible ». Les explications sincères de l'avocate me remplirent le cœur d'une immersion déception. Je compris qu'en Chine, même les juristes renoncent à défendre la vérité, l'équité et la justice, de telle sorte que la seule défense du citoyen ordinaire leur apparaît comme une tâche si ardue, et même plus ardu que voyager dans l'espace !

Le scandale du « lait frelaté à la mélamine » qui éclata en 2008 fut non seulement une crise nationale, mais aussi mondiale puisqu'elle toucha des dizaines de millions de familles à l'intérieur et à l'extérieur du pays. Les parents chinois des « bébés de pierre », tel qu'on les surnommait, organisèrent des groupes de lutte pour défendre les droits légaux de leurs enfants, et ce pendant de nombreuses années. Seize ans se sont écoulés depuis. Au cours de cette longue et tortueuse lutte pour la vie, de nombreux groupes militants des droits de l'homme furent progressivement démantelés et s'effondrèrent, certains s'échappèrent de leur cage pour rejoindre le monde libre, et d'autres disparurent presque entièrement de la circulation. Finalement, je me suis retrouvé seul, combattant seul, restant ferme et inflexible.

Cette injustice fut finalement rétablie, et le peuple chinois et les médias me surnommèrent « le père du bébé atteint de calculs rénaux », « le combattant solitaire pour la défense des droits (de l'homme) », « le héros de la défense des droits civils », « l'épine dorsale de la nation chinoise » et « l'homme courageux et solitaire », reconnaissance acquise après cinq ans de prison, trois années de mise en appel et de manifestations, six années à poursuivre la police provinciale du Guangdong, du parquet, du tribunal et de la prison (GongJianFaSi en chinois) pour qu'ils soient enfin tenus responsables du délit civil et que me soit verser les indemnités auxquelles j'avais droits, après 16 années de jeunesse et de maturité anéanties. Sans compter le traitement inhumain et la torture physique et mentale que je subis dans leur purgatoire, et qui me rendirent invalide et malade. Ces souffrances resteront à jamais gravées dans ma mémoire, éternelles.

Je constatai que ma petite famille chaleureuse avait disparu, et qu'aux yeux de mon propre enfant, j'étais devenu un étranger. Encore aujourd'hui, revenir sur ces cinq années d'absence, loin de mon enfant, m'inspire un sentiment de culpabilité, comme si j'avais manqué à mon rôle de père. Les relations « sociales de haut niveau », le travail et les conditions de vie « décente de la classe moyenne » semblèrent venir pour moi d'un monde révolu. Un jour, Je pris le téléphone, consultai la liste des numéros de mes anciens collègues et amis, et l'envie me prit de leur annoncer que j'étais enfin sorti vivant de cette l'enfer. Quelque chose m'en empêcha, et je raccrochai avant qu'ils n'eurent le temps de répondre. Même lors d'une réunion familiale, un jour férié, on évite tacitement de parler de cet « incident ». Vraiment, c'est comme s'il ne s'était rien passé ! Tout ce présenta comme si la société autour de moi n'ait pas voulu de mon retour parmi elle.

Ma mère, XIN Hong, fut assurément la personne la plus affectée par cette injustice. J'étais autrefois son fils fier ! Cette journée-là, dans la pénombre de « l'éclipse solaire totale » à Hangzhou, aux coins d'une rue inconnues de la province du Zhejiang, la police de Chaozhou, dans la province du Guangdong, m'arrêta devant elle avec la pleine coopération de la police locale de Hangzhou. Au cours des huit dernières années (2009-2017), je ne parviens à comprendre comment elle survécu au jour le jour en tant que mère. Face à l'incompréhension et aux commérages constants des étrangers, elle seule m'a toujours fermement soutenue. Malgré la révocation du verdict initiale, certaines personnes dans mon entourage plaisantaient encore : « Certes, tu as obtenu gain de cause, mais ne t'es-tu pas laissé entraîner dans un piège criminel et dans une procédure de divorce ? N'est-ce pas un peu idiot ? Tu le mérites ». Après ma sortie de prison, je n'avais aucune source de revenus et j'ai dû compter sur le soutien de mon frère et sur la pension de ma mère pendant plusieurs années. Pendant trois ans, à chercher des preuves et à enquêter sur cette affaire inique, ma mère m'a toujours accompagnée. Sans aucune ressource sociale, sans aide de la part de mes relations de longue date, seule ma mère persista à mes côtés pendant ces huit ans de combat. En toute franchise, je crois que ma mère eut plus de mal que moi à traverser ces longues et humiliantes années de prison en Chine (中国大监狱).

Depuis les débuts du scandale, 16 années passèrent et l'avenir des bébés atteints de « calculs rénaux » reste à ce jour incertain. Même si mon dossier finit par se clore, ce n'est assurément pas la fin de cette lutte, et il est à parier que dans quelques années tout recommencera.

Puisque la Haute Cour de la province du Guangdong m'a acquitté, j'espérais que les faux-témoins et les « forces du mal » à leur tête, entendons les entreprises Yashily & Scient, ainsi que les autorités de première instance, de deuxième instance et celles en charge du premier procès de révision, ainsi que leurs responsables, seraient reconnus coupables et reconnaitraient la nature et la gravité des conséquences qu'eurent les fausses accusations et la machination judiciaire qu'ils montèrent contre moi. Pendant ces huit années d'emprisonnement injustifiées et de mise en appel pour un deuxième procès, COFCO Mengniu*Yashily Int'l et sa famille Zhang Litian, agent de « blanchiment d'argent », profitèrent de ses « gants blancs » (白手套企业) et des hautes relations qu'il entretenait au sein du gouvernement et avec certaines entreprises de Pékin. Après avoir encaissé près de 5,8 milliards de yuans (~828 571 000 USD) sur le marché boursier de Hong Kong en 2013, il continua d'étendre son influence, toujours de connivence avec la justice du Guangdong et son « parapluie protecteur », au sein du parti central (中央保护伞) à Pékin pour s'occuper de mon cas, et celui des avocats ou des agents citoyens qui tentèrent de me venir en aide (comme Sally Sl Zhu, Tina Yzhang et Zhonghua Deng, etc.). Pour cette raison, un mois après la révision du verdict, ma mère et moi reprenions le chemin de la lutte pour la défense de nos droits.

Afin d'économiser de l'argent, nous prenions généralement un train vert ou un wagon-lit de Pékin jusqu'au Guangdong. Une fois arrivée, nous visitions le bureau de la police locale pour déposer une poursuite contre les cadres supérieurs de Yashily impliqués dans cette machination judiciaire. Nous nous sommes rendus dans le comté (aujourd'hui district) de Chao'an, avons signalé l'incident sur place à de nombreuses reprises, sommes entrés dans le poste de police de Xiangqiao à Chaozhou pour y signaler l'affaire oralement et par écrit, leur avons présenté des faits et des preuves, attendions patiemment qu'ils daignent considérer notre déposition, qu'ils classent le dossier ; nous allions et venions, sur des milliers de kilomètres, entre le lieu de l'incident et notre lieu de résidence. À Chaozhou, nous naviguions entre le bureau de police de la ville, le parquet et le tribunal de district, courses incessantes agrémentées de longues attentes. Pour une affaire inique et injustifiable comme la mienne, ou même si elle venait de se produire, le pouvoir judiciaire aurait normalement réviser le verdict dès la fin de 2009, mais ce processus fut saboté par « Yashily, les forces du mal » de connivence avec les entreprises officielles du gouvernement local ou GuanShang (官商 en chinois) et fut finalement retardé de huit ans. Le deuxième procès de révision du verdict, n'est, quant à moi, qu'une victoire partielle. Certes, le verdict porté contre moi fut révoqué, mais les fausses accusations et témoignages montées de toute pièce par Yashily et leur machination judiciaire n'a pas encore été sanctionné et, somme toute, la plainte civile que je portai contre eux n'entraîna aucune peine.

De toute évidence, même après la révision du verdict en 2017, une très longue lutte m'attendait encore !

# Chapitre VI

## Documents et photos du livre

Chapitre VI

Photo de l'avant et de l'arrière de la boîte de formule Scient / Yashily

Capture d'écran de la publicité de Scient

Images des publicités de Scient/Yashily représentées par des figures célèbres du cinéma sur China Central Television, la chaîne de télévision nationale

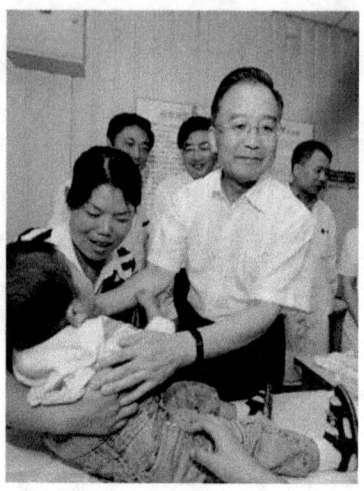

Le Premier ministre Wen Jiabao avec le bébé malade

Les scènes de l'équipe de Guo travaillant comme interprète de conférence ou SI pour grands événements des ambassades étrangères en Chine

Exigence de paiement des frais médicaux pour les bébés atteints de problèmes rénaux par le Ministère du Travail et de la Sécurité sociale

Chapitre VI  121

Rapport d'inspection du contenu en mélamine de la formule infantile Yashily Scient, du Centre national de supervision et d'inspection de la qualité et de la sécurité alimentaire

Liste des produits défectueux destinés à la destruction
du groupe Guangdong Yashily

Capture d'écran de la publicité incluant le slogan de qualité
« Miséricorde d'Amérique »... de la formule infantile Scient
sur China Central Television et autres grands médias

n Bureau de Scient Int'l (Aliments pour bébés) Inc., aux États-Unis.

Confirmation du paiement du paquet de compensation de Yashily

Image des magasins de détail à Hong Kong et à l'étranger countries

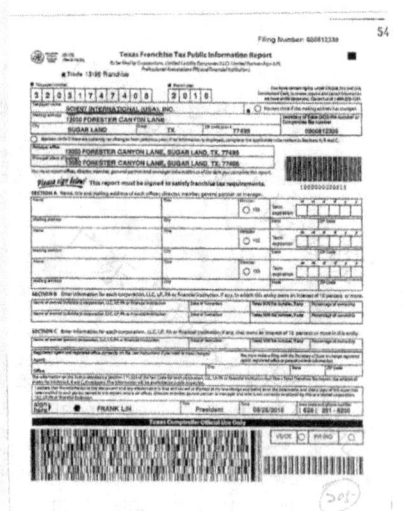

Rapport public d'information sur la taxe de franchise du Texas pour Scient International (USA) Inc, Sugar Land, TX, US

Chapitre VI

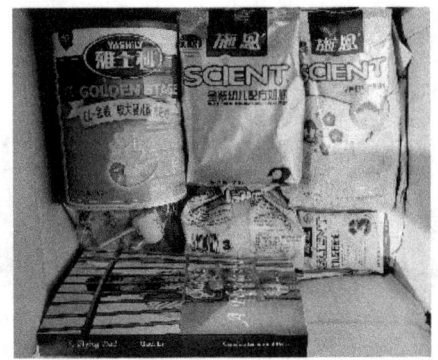
Emballages des préparations pour nourrissons Yashily et Scient.

Éclipse solaire du 22 juillet 2009 à Hangzhou.

L'article du Beijing Youth Daily/ Beijing Daily sur le fait que la formule infantile de Scient n'est pas importée comme ils l'ont annoncé

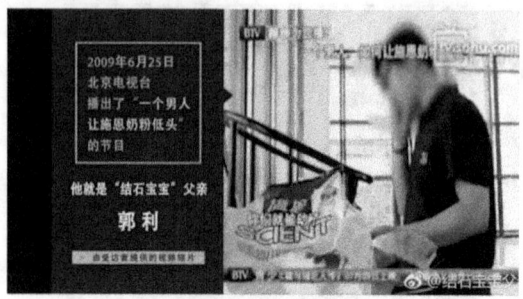

Capture d'écran de l'émission télévisée <Un homme fait plier la formule "Scient"> de la station de télévision de Péking

Certaines personnes impliquées dans l'affaire de machination au sein de la ciété Yashily.

Recall List of Defective Products for Destruction
Total 53.107 tons

## Chapitre VI

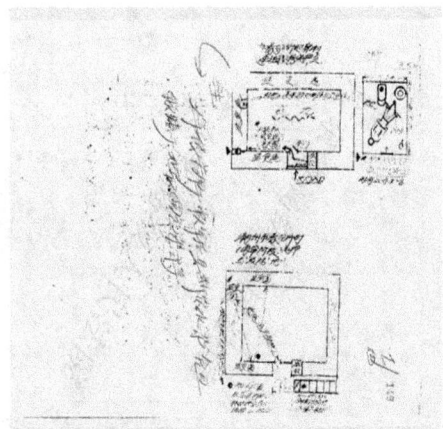

Le dessin montre la petite cellule individuelle où Guo Li a été détenu au centre de détention du comté de Chao'an.

Lettre de recours rédigée par Guo Li lorsqu'il était en prison.

Dossiers de la police du poste de police de Chao'an concernant l'affaire de coup monté contre Guo Li, obtenus auprès du tribunal du Guangdong.

Porte principale du centre de détention du comté de Chao'an, Guangdong.

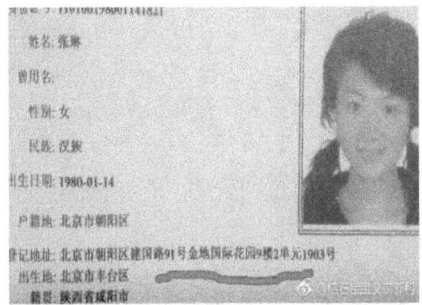

Les informations personnelles, y compris l'adresse fournie par Zhang, Lin à la police, ont été vérifiées comme étant fausses et truquées.

Vidéos de la rencontre entre Guo, Li et sa mère avec l'équipe de Yashily pour une compensation (en réalité, un piège pour l'incriminer).

La porte principale de la prison de Jieyang

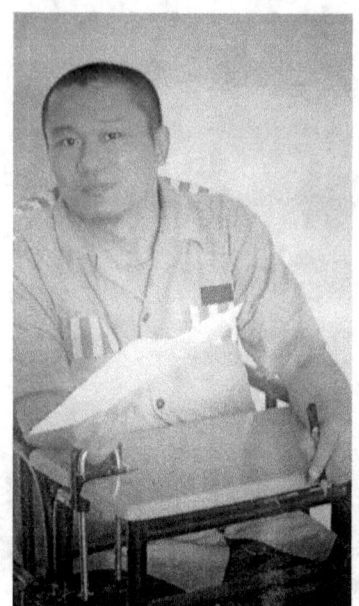

La chaise de torture utilisée pour forcer Guo Li à s'asseoir dans les prisons chinoises, également appelée le tabouret du tigre.

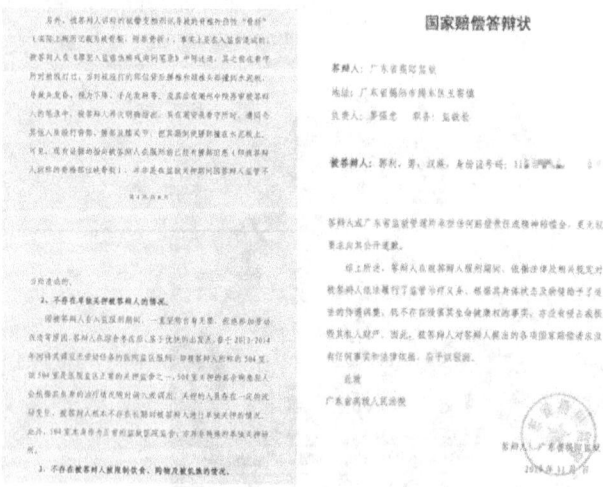

Documents sur l'abrogation et la compensation nationale

# Chapitre VI

Les deux cellules d'isolement de la prison de Jieyang où Guo, Li ont séjourné pendant longtemps.

Les patrons de Yashily célébrant l'introduction en bourse de leur société à Hong Kong

Dessin de tortue réalisé par Guo, Li lorsqu'ils étaient en prison.

Dessin de fleurs réalisé par Guo, Li lorsqu'ils étaient en prison.

Guo, Li et un de ses amis.

Dessin de Guo, Li et de sa fille, réalisé par lui-même lorsqu'il était en prison.

# Chapitre VI

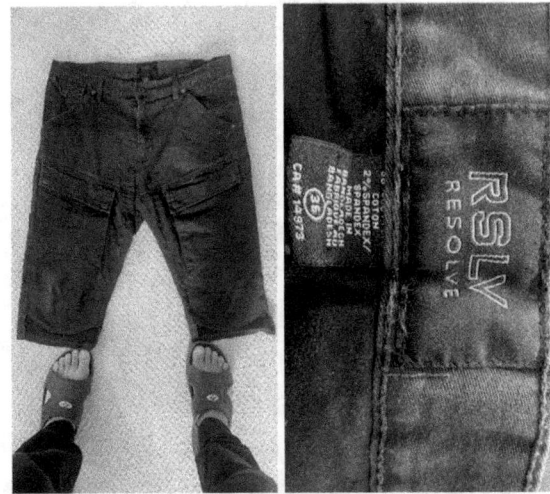

Produits fabriqués dans des prisons chinoises, vérifiés par Li Guo, achetés chez Winners à Ottawa, Canada, en 2022.

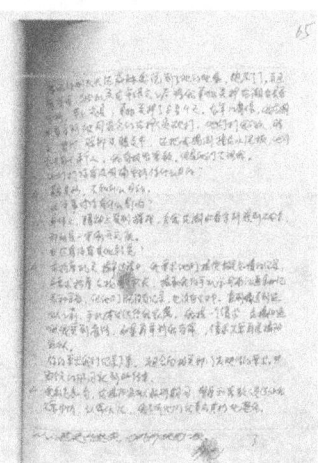

Une page de transcriptions des questions et réponses du tribunal.

Une autre page de transcriptions des questions et réponses du tribunal.

Le camion transportant des marchandises produites à la prison de Jieyang.

Dessin original de Yiyi, la fille de Guo, Li, sur un tableau blanc.

Wu, Aiying, ancienne ministre de la Justice de la RPC.

Un prisonnier travaille comme main-d'œuvre bon marché.

Reportages sur l'histoire de Guo, Li par l'Asian Financial Review.

Guo, Li devant la Haute Cour et le Bureau de la Sécurité Publique de Chaozhou, Guangdong, Chine.

Guo, Li montrant des documents marqués comme lait infantile toxique Yashily, etc., devant la tour de bureaux de Yashily/Scient à Guangzhou.

Chapitre VI 135

广东省人民检察院
再审案件出庭检察员意见书

审判长、审判员：

根据《中华人民共和国刑事诉讼法》第二百四十五条的规定，我们受广东省人民检察院指派，代表本院，出席本法庭，对广东省高级人民法院提审原审上诉人郭利敲诈勒索一案依法执行职务。为使法庭查清案件事实，准确适用法律，对原审上诉人作出公正的判决，现就案件的事实、证据，发表如下出庭意见，请法庭注意。

一、现有证据不足以证实原审上诉人郭利主观上具有非法占有的目的。根据《中华人民共和国刑法》第二百七十四条的规定，敲诈勒索罪，是以非法占有为目的，对他人实施威胁、恐吓，索取公私财物数额较大或者多次敲诈勒索的行为。非法占有的目的，是指无法律依据而意图占有对方财产。本案中，首先，原审上诉人郭利的女儿郭某某食用了含三聚氰胺的"施恩"牌奶粉，经北京市海淀区北大平庄医院检查，证实郭某某"双肾中央集合系统内可见数个点状强回声"，证明郭某某的身体受到"施恩"牌奶粉的侵害，郭利作为郭某某的法定监护人，有权利向奶粉的生产厂家索赔，其索赔行为有法律依据，具有目的正当性。其次，

La première page des conclusions du ministère public dans l'affaire de nouveau procès du Parquet populaire provincial du Guangdong.

Caixin

Dec 04, 2019 02:58 PM
POLITICS & LAW

**Father Seeks Compensation From Mengniu for Milk Tainting Scandal**

By Michael Smith

Capture d'écran du reportage de Caixin sur l'affaire de Guo Li.

Le procès-verbal du tribunal déclarant l'innocence de Guo et les conditions d'obtention de l'indemnisation de l'État chinois.

Guo, Li et sa mère, Xin Hong, dans le train pour Guangdong, Hong Kong.

Une victime du lait infantile toxique et sa mère.

Chapitre VI 137

D'autres familles suspectées d'être victimes du lait infantile toxique avec leurs avocats.

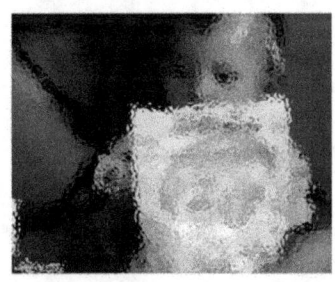

Photo du journal Southern Weekend qui contient le reportage sur le cas de Guo, Li

Le message de félicitations de ma mère, XinHong, pour mon livre *Pére en Exil*.

Autres reportages médiatiques sur l'affaire de Guo, Li.

Chapitre VI | 139

Captures d'écran du discours public du célèbre professeur de droit Luo Xiang, dans lequel il parle de l'affaire de Guo Li comme exemple dans la pratique du droit pour l'examen de certificat de droit.

Un article du professeur de droit, juriste et avocat Luo Xiang sur l'analyse des affaires de racket en Chine.

Guo Li se tenant devant un tribunal à Chaozhou, dans le Guangdong.

Guo Li se tenant devant le tribunal de Chao'an à Chaozhou, dans le Guangdong.

o, Li a montré les colis qu'il avait tentés d'envoyer aux départements gouvernementaux.

Le patron de Yashily, Zhang Litian, en tant que délégué du Congrès national du peuple pour la province du Guangdong, se tenant aux côtés du président du Comité permanent du Congrès national du peuple et du vice-premier ministre du Conseil d'État de la RPC,
dans un reportage (de NF Daily).

Chapitre VI

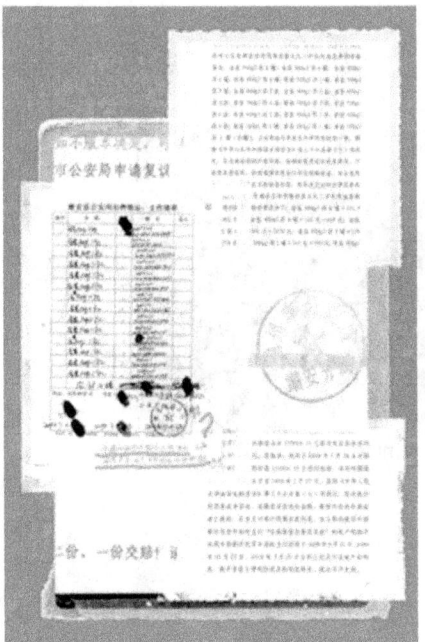

Registres des violations de la loi par la police dans le dossier d'indemnisation injuste de Guo.

2. 据郭利提供的材料，其在 2017 年 6 月至 2018 年 6 月期间到首都医科大学宣武医院等医院就诊及检查，结果为双眼视物模糊，脑血管病（慢性病）和动脉硬化，脂肪肝等。

3. 据揭阳监狱《关于郭利在服刑期间有关情况的复函》，郭利在服刑期间，语言和行为未见明显异常，能正常参加监狱安排的劳动；郭利因疑似"糖尿病"在监狱医院留院观察十天，经检查身体未见明显异常；因腰痛、咳嗽、支气管炎等疾病多次在监狱医院门诊治疗；驻监检察机关没有郭利在服刑期间被殴打、虐待情况的投诉记录。

Dossiers récupérés du tribunal concernant les problèmes de préjudices et de blessures de Guo par la police et l'administration pénitentiaire dans la province de Guangdong, Chine.

La photo de famille de Guo, Li.

Guo, Li debout devant un tribunal avec le dessin qu'il a réalisé en prison et un papier marqué "Formule de poison Yashily".

Chapitre VI 143

Guo, Li lors de la réunion avec le juge du Guangdong.

Compte rendu des questions-réponses concernant le dossier d'indemnisation de l'État pour l'affaire de Guo.

Des juges comme Li Xiaohui et Zhang Hongting de la Haute Cour, dans l'affaire de Guo, au bureau de la Cour suprême de la RPC.

服刑期间，郭利没有书面承诺认罪服判、没有申请减刑假释。5年刑期他是坐满了的。这种情况在中国监狱中并不多见。

"我坐了5年牢，没有争取任何减刑。减刑的条件是认罪伏法，而我抗拒改造，拒不认罪。"其人郭利，一位"结石宝宝"的父亲，2008年三聚氰胺奶粉事件中数十万受害者代表之一，却因和涉事公司的赔偿谈判而被捕入狱，罪名是敲诈勒索。

2014年7月22日，郭利刑满出狱；2017年4月7日，他被改判无罪。

La scène du deuxième nouveau procès ayant conduit à l'acquittement de Guo Li à la Haute Cour du Guangdong, en Chine.

Chapitre VI

Vérification auprès du procureur général des États-Unis concernant les questions de contrefaçon et d'atteinte à la marque Yashily Scient\@Dairy en Chine.

Guo dans l'Église des Ossements (l'Ossuaire de Sedlec), à Kutná Hora, en République tchèque.

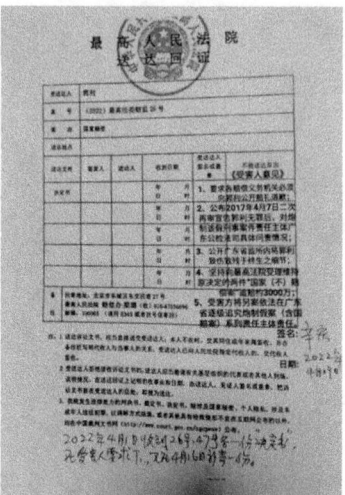

Reçu de la demande de Guo Li concernant son dossier d'indemnisation de l'État adressée à la Cour suprême de Chine.

Capture d'écran du reportage de China Daily sur l'affaire l'indemnisation de l'État de Guo.

Couverture d'un manuel rédigé par Luo Xiang sur le droit pénal chinois.

Chapitre VI 147

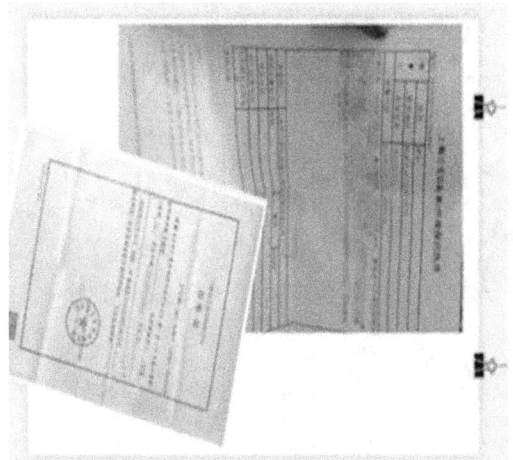

Documents de l'affaire de coup monté contre les assistants de Guo à Pékin, en provenance de Shanghai.

La visite de Guo au siège social de Mengniu Dairy à Hong Kong concernant son problème de compensation.

La demande de Guo adressée à Scient pour « punir la collusion et me rendre mon temps » (2008-2019).

Une photo de scène dans le café, avec de nombreux policiers en civil de Pékin assis et en embuscade autour de l'endroit.

Chapitre VI 149

Photo de Zou Pengliang, chef de la police à Chao'an, dans le Guangdong.

Guo Jinqing, ancien procureur à Chaozhou, dans le Guangdong, qui a pris en charge l'affaire de Guo Li et l'a injustement poursuivi en 2009.

Photo de Zhong Ming, ancien chef de la police à Chaozhou, dans le Guangdong, qui a ensuite été emprisonné.

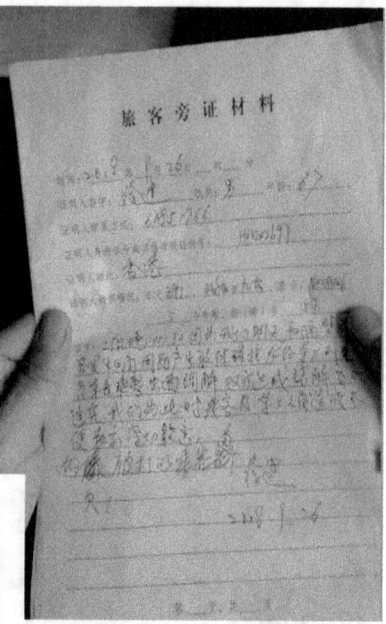

'excuse écrite pour l'incident dans le train par le passager « fugueur ».

Le passager qui a fait du bruit et dérangé les autres dans le train, puis s'est enfui ensuite.

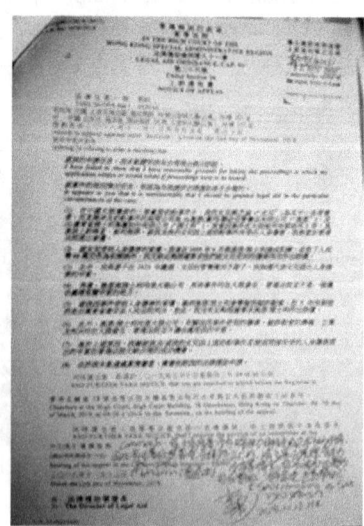

Registres de la Haute Cour de Hong Kong concernant l'affaire de Guo.

Chapitre VI

Guo et sa mère, devant la Haute Cour de Hong Kong.

Visite de Guo au bâtiment COFCO à Hong Kong, Chine, pour une réclamation de 40 millions de dollars américains contre MengniuYashily Dairy en 2018.

HE Fangmei avec le bébé dans le Henan.

Guo, Li, Pu, Zhiqiang et Qu, Zhenhong, dans le bureau de l'avocat Hua Yi à Pékin.

L'un des reportages des médias (AFR) sur les secrets de l'introduction en bourse de Yashily.

Chapitre VI

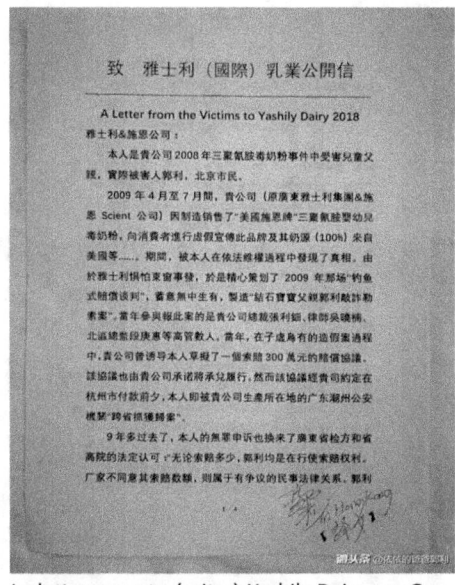

La lettre ouverte écrite à Yashily Dairy par Guo, Li.

Réponse du tribunal de Chao'an à la demande de Guo Li concernant la copie d'une question particulière pour son dossier d'indemnisation de l'État.

Guo et le chien de compagnie Nelly

Le chien de compagnie Nelly

Guo avec le chat de compagnie Kikino

Tri des médicaments pour lui-même dans les hôpitaux.

Actualités concernant Guo Li dans Apple Daily de Hong Kong.

Guo coud une capture d'écran de ses interviews sur le devant d'un sweat à capuche.

La fille de Guo a dessiné un dessin et a dit que Guo était un père volant venant du ciel ou d'une autre planète.

Madame Huang Xueling, l'une des principales responsables de la condamnation injuste de Guo Li au tribunal intermédiaire de Chaozhou, dans le Guangdong, en Chine.

Chapitre VI

Guo, Li, devant un arrêt de bus au Canada

La visite sacrée de Guo, Li en 2022 à Sherbrooke, QC.

Photo de la pièce après l'incendie

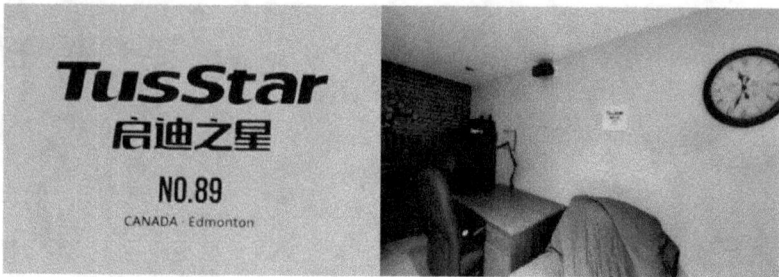

Lieu n° 89 pour TSCE               Le lieu de rassemblement souterrain

Chapitre VI

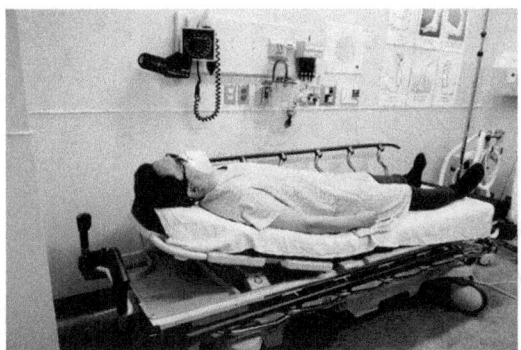

Recherche de services d'urgence dans un hôpital pour ses blessures à la colonne lombaire avec des crampes et des spasmes

Guo, Li, devant les bâtiments du Parlement du Canada

J'espère que ma tragédie ne se reproduira plus !
Rapport du week-end NF

La photo de Guo, Li, tenant la main de sa fille, dessinée par Guo Li dans la cellule individuelle de la prison (Photo par Liu Fei)

# Chapitre VII

Continuer à défendre mes droits légitimes, intenter des poursuites en dommages-intérêts, revendiquer une indemnisation complète de l'État

# Chapitre VII

De ma sortie de prison jusqu'à la révision du verdict, ce parcours s'étend sur près de trois ans. Selon le jugement n° 19 de la Cour populaire suprême de la province du Guangdong (2015), rendu le 7 avril 2017, conformément à la loi sur l'indemnisation par l'État de la République populaire de Chine, je peux demander des indemnités aux agents de l'État concerné « dans les deux ans suivant mon acquittement ». Après que fut tombé le jugement définitif du deuxième procès de révision, j'ouvris, conformément au droit pénal chinois, une enquête sur les accusations mensongères portées contre moi par les sociétés Yashily & Scient et son président Zhang Litian. Au même moment, L'État entamait la procédure d'indemnisation.

Outre les avocats Zhang Yansheng et Gongsun Xue que nous avions engagés en première instance, nous « ne bénéficièrent d'aucune aide de la part de l'agence ou de la profession d'avocat » lors du premier procès de révision mené par la Cour intermédiaire ainsi qu'au second procès de révision mené par la Haute Cour ! Lorsque le tribunal intermédiaire de Chaozhou, dans la province du Guangdong, m'a reconnu coupable et condamné à cinq ans de prison, je me suis présenté seul au tribunal. À l'exception des membres de la police, du parquet et des tribunaux de « Yashily & Scient » (surnommés les forces du mal en chinois), les sièges destinés au public furent entièrement vides. Sans agent ni avocat, je ne pouvais compter que sur moi-même et sur la persévérance de ma mère, à ce moment-là résidente à Pékin, pour que cette injustice soit renversée avec succès. Quelque temps après que ne soit prononcée la révision de ma peine, les cabinets d'avocats chinois et les médias de tout le pays affluèrent en masse. La scène juridique fut très animée. L'émergence soudaine de ces divers groupuscules me fit vivre des émotions mitigées. Je pense sincèrement que le monde juridique n'a plus la capacité d'apporter une aide véritable en cas de besoin, mais qu'il s'agit plutôt d'un « pis-aller » dont la fonction ne serait que d'abaisser la pression.

Après mon succès, certains cabinets d'avocats et avocats nationaux bien connus me tendirent une perche à moi et ma famille, et exprimèrent leur souhait de me représenter lors des procédures d'« Indemnisation » dans lesquelles je m'embarquai après que fut prononcé la révision de ma peine. L'un d'entre eux, le cabinet d'avocats Beijing Huayi, fut réputé en Chine pour ses services en matière d'indemnisation par l'État et pour sa prise en charge de dossiers « sensibles ». M. LUO Xiang, l'un des professeurs de droit les plus célèbres de Chine, agit au sein de ce cabinet.
Qu Zhenhong, la directrice du cabinet d'avocats, et Pu Zhiqiang, ancien avocat et leader du mouvement étudiant chinois de 1989, nous reçurent en personne et exprimèrent leur volonté de me représenter dans cette affaire. Comme j'avais l'habitude de dire qu'« en Chine, un avocat qui n'a pas connu la prison n'est pas un vrai avocat... », la directrice Qu m'affirma qu'elle et Pu connurent tous deux la prison et, par conséquent, se sentirent « qualifiés » pour me représenter. Ils évoquèrent des « théories obscures » selon lesquelles j'aurais supposément une conscience politique plus fine et que cela me porterait naturellement vers la justice. Toutefois, toutes ces offres ne s'accordèrent plus avec mon intention initiale (initiation), soit d'enquêter et de défendre seul, mais avec fermeté mes droits légitimes !
D'abord, je suis déterminé à défendre mes droits pour qu'à travers mon expérience personnelle triomphe la vérité et, qu'à travers mon propre cas d'indemnisation, triomphe l'équité et les principes de justice auxquelles je crois fermement. Je mène aussi cette lutte pour que les droits et les intérêts bafoués de

dizaines de millions de consommateurs et ceux de leurs familles soient respectés et que soit, à l'avenir, préservée notre sécurité alimentaire et pour que notre monde soit préservé des abus de certains industriels. Enfin, pour que soient menés de réels progrès en matière d'équité judiciaire et de droits de l'homme en Chine ; ce n'est surtout pas pour me subordonner à l'élite d'aujourd'hui, s'agenouiller et lécher leurs bottes, par soif de reconnaissance ou dans l'espoir que l'on chante mes louanges, et cela n'a rien à voir avec une soi-disant conscience politique plus « aiguisée ». Une fois que prit fin cette réunion, ma famille et moi rejetâmes l'offre que nous proposa le cabinet d'avocats Beijing Huayi, et je choisis finalement de continuer ma lutte en compagnie de XIN Hong, ma mère, et d'une poignée d'amis partageant les mêmes idéaux.

Comme je n'avais aucune source de revenus après ma sortie de prison, la collecte de fonds pour financer ma lutte judiciaire et l'organisation de voyages furent pour moi le plus grand obstacle. Au début, je prenais le train seul en classe économique pde la gare de Pékin Ouest à la gare de Guangzhou, puis de la gare de Guangzhou Est à la gare de Chaozhou, en m'assurant de visiter les régions de Chaozhou, Chaonan et Jieyang le même jour afin de réduire les coûts de transport. Ainsi, je pouvais passer au travers de mes objectifs en une seule journée, tout en passant par les points clés de chacune des villes.

Le diagnostic de ma condition physique révéla que mon corps ne pouvait plus, sans le mettre en danger, supporter des charges trop lourdes. Ainsi, je demandai à ma mère de m'accompagner et de m'assister à la collecte de preuve. Elle avait plus de 70 ans à l'époque et elle peinait à marcher à cause d'une chute et de l'état fragile de ses os. Depuis que fut renversé mon verdict en 2017, sa santé se porte mieux, et elle et moi avons organisé plus de 30 allers-retours entre Pékin,

Guangdong, Shenzhen et Hong Kong. Dans le cadre du traitement de mon dossier, nous avions l'habitude de toujours planifier nos itinéraires en amont et estimions le temps nécessaire pour rencontrer les autorités et les institutions concernées afin de réduire considérablement nos frais de déplacement et d'en améliorer l'efficacité. Par exemple, si nous passions cinq jours dans le Guangdong, nous nous efforcions de visiter les trois régions avoisinantes afin d'y récolter toutes les informations nécessaires. Une fois passés au tribunal, nous nous rendions immédiatement au service de police, puis à l'administration pénitentiaire pour y traiter les questions juridiques pertinentes. S'il nous restait du temps, nous organisions une visite au parquet entre-temps. Avec un budget et un calendrier aussi serré, nous parvînmes à un degré d'efficacité remarquable, et ce, avec très peu de moyens.

Lors de la collecte de preuves au tribunal de Chaozhou, nous avons rencontré toutes sortes de greffiers, dont la plupart avaient un caractère arrogant et d'une grande superficialité. Chaque fois que nous avions besoin de copier des dossiers de détails ou d'accéder à des informations confidentielles, ils se montrèrent toujours arrogants, exigèrent un paiement, et nous rendirent la tâche laborieuse. Ils se jouaient de nous et « poussait le bouchon » nous répétant toujours les mêmes informations. Nous rencontrâmes évidemment des individus au tempérament différents des leurs. Une fois, je rencontrai une juge dans la quarantaine dans le bureau d'enregistrement des affaires, dont on pense qu'elle fut mère d'un enfant. Lorsqu'elle nous recevait, elle nous guidait patiemment et avec une grande amabilité ; lorsque nous copions et consultions des dossiers en sa présence, jamais ne nous a-t-on demandé de payer ; c'est probablement parce qu'elle aussi est mère et, en tant que mère, elle redoute aussi que son enfant se retrouve intoxiquer par des aliments nuisibles et frelatés. Son

admiration et le respect qu'elle éprouva pour ma lutte m'apparurent sincères et venaient tout droit du cœur.
Peu de temps après que fut renversé le verdict, plusieurs grands médias chinois m'accordèrent une entrevue exclusive. J'imprimai la couverture de l'entrevue avec la « Newsweek Column » animée par Bai Yansong, une célèbre présentatrice de la China Central Television ou CCTV, sur un morceau de tissu en coton et l'ai soigneusement cousu sur mon sweat à capuche.
Lorsque je déposai ma demande d'indemnisation à l'État chinois, je me rendis directement au tribunal intermédiaire de Chaozhou avec les boîtes de « lait en poudre frelaté », affublé de mon sweat à l'effigie « du défenseur des droits de l'homme ». Comme Yashily's Scient prétendit être une marque américaine, certaines documentations furent en anglais. Et lorsque le greffier du registre des dépôts de dossiers vit les éléments de preuve que nous lui apportions, il se fâcha contre nous et me demanda de retirer les boîtes et les vêtements de son bureau. Puis, se mit à feuilleter les documents ..., à peine y avait-il jeté un coup d'œil qu'il nous demanda de faire traduire les documents par la société de traduction, puis de les soumettre à nouveau. Je lui répondis du tac au tac: « Je suis le traducteur. Ces documents ont été traduits et fournis en chinois et en anglais. L'employé me demanda: « Alors que faites-vous avec des documents en anglais ? » Et moi de lui répondre : « C'est mon droit civique !
Après cinq ou six visites, nous constatâmes que les employés changèrent d'attitude, ou du moins, qu'ils en avaient reçu l'ordre. Peu à peu, les sourires remplacèrent l'attitude acariâtre, irrespectueuse et arrogante à laquelle nous avions eu droit lors des premières visites, pour laisser place au respect, à l'admiration et à la patience. Sur mon insistance, et conformément à la loi, le département des finances du tribunal

intermédiaire de Chaozhou nous remboursa 7 209 yuans (environ 1 000 dollars), soit les frais de déplacement entre Pékin et Chaozhou pour l'affaire d'indemnisation des agents de l'État. L'indemnisation des frais de déplacement devint pour moi un enjeu majeur.
Après plus de six mois d'investigation, de dictée, de compilation, de révision et de rédaction, je soumis finalement la « demande d'indemnisation aux agents de l'État » de GuoLi de 256 pages à la Cour intermédiaire de Chaozhou, dans la province du Guangdong. Ma demande d'indemnisation comptait et exposait minutieusement sept éléments clés, tels que le salaire perdu, les dommages psychologiques, les pertes, les dommages physiques, les blessures et l'invalidité, ainsi que les frais liés aux traitements médicaux, etc., la valeur totale de l'indemnisation demandée montait à 228 362 462,64 yuans (environ 32 623 208,95 dollars américains).
Le 18 décembre 2017, je reçus l'horaire de la procédure judiciaire menée par la Cour intermédiaire de Chaozhou (2017) Yue51FaPei n° 2. La cause de ce dossier s'intitulait : [L'affaire d'indemnisation pour un nouveau procès visant à modifier le verdict en non-culpabilité]. Celle-ci devait se conclure le 18 mars 2018. Le même jour, une juge nommée Chen dressa un procès-verbal sur ma demande d'indemnisation par les agents de l'État.
Le 31 janvier 2018 à 14 h 30, la Cour intermédiaire de Chaozhou forma un collège de juges pour entendre divers avis et se réunir pour le procès dans l'affaire d'indemnisation de mon deuxième procès de révision. Plusieurs dirigeants du tribunal intermédiaire de Chaozhou assistèrent à la réunion. Dans une salle de réception exigüe et isolée, le vice-président du tribunal (note : Deng Xiasi, ancien président du tribunal intermédiaire de Chaozhou, chargé de la section « indemnisation » du tribunal fut plus tard démis de ses

fonctions et condamné à la prison par le PCC du Guangdong), Zhang Yuebin, le juge responsable du bureau d'indemnisation administrative, et les greffiers furent tous présents. Une fois de plus, nous leur exposions notre mécontentement quant au verdict que dictèrent les tribunaux de Chaozhou sur l'affaire d'« extorsion concoctée de toute pièce » et des conséquences qu'eut un tel verdict sur ma vie. Dans la salle, le vice-président se recroquevilla et se dépêcha de clore cette séance privée, à l'abri des regards extérieurs, et exprima de brèves excuses pour les trois jugements infondés délibérément prononcés jusqu'à présent par le tribunal. Cette décision de tenir cette séance en huis clos, à l'abri du public, nous laissa un goût amer.

Jusqu'à présent, que ce soit dans les documents fournis pour étayer ma demande d'indemnisation, ou bien dans mes communications publiques médiatisées, j'ai clairement demandé que le département de police de Chaozhou, que le centre de détention, que le parquet, que les trois niveaux de tribunaux concernés, que la prison de Jieyang et que les autres services impliqués dans cette affaire me présentent « ouvertement et officiellement » leurs excuses pour avoir collaboré à cette machination judiciaire et porté un jugement inique et infondé
Après avoir écouté l'avis de chacun, je signai le procès-verbal et dis au vice-président du tribunal intermédiaire de Chaozhou présent à cette réunion : « J'ai lutté pendant huit ans pour obtenir une indemnisation des agents de l'État ; j'espère que la lutte pour la défense de mes droits légitimes ne m'obligera pas à y consacrer encore huit ans ».
Le 21 février 2018, je reçus la décision n° 2 de l'indemnisation de l'État Yue51FaPei (2017) du tribunal populaire intermédiaire de Chaozhou de la province du Guangdong à Pékin. Une fois de plus, ils rejetèrent la majeure partie du

contenu de ma demande d'indemnisation et ne m'accordèrent qu'une somme de 500 000 yuans, laquelle couvrait une partie du salaire perdu (conformément à la norme nationale chinoise de salaire moyen des travailleurs) et un peu plus de 100 000 yuans pour me dédommager des préjudices moraux, physiques et psychologiques que je subis en prison, soit un total d'environ 640 000 yuans (~91 428,60 USD).

Le montant de l'indemnisation que m'accorda tribunal intermédiaire de Chaozhou ne couvrait qu'une infime partie de la somme demandée. Une nouvelle fois, mes attentes furent déçues. Pour cette raison, je redéposai un recours auprès de la Haute Cour provinciale du Guangdong, la juridiction supérieure, pour qu'il réexamine, à leur tour, la probité du jugement porté par le tribunal intermédiaire.

La collecte des preuves nécessaires pour étayer ma demande d'indemnisation publique fut semée d'embûches. Par exemple, l'hôpital Xuanwu de Pékin, où je fus diagnostiqué et traité, voulut me délivrer un certificat médical certifié. Seulement, les services médicaux concernés et le bureau du directeur de l'hôpital m'expliquèrent que le service de sécurité publique ou, dans mon cas, la prison à laquelle j'étais affiliée devait d'abord leur délivrer une lettre officielle d'introduction avant que le patient ne puisse recevoir un document de diagnostic valide de leur part. Autrement dit, il ne pouvait pas me remettre leur certificat, ce qui me retarda énormément. Dès que je fus acquitté par le tribunal, l'hôpital Xuanwu, craignant que je ne les expose aux médias et que soit lancée une enquête publique, décida de me délivrer les certificats médicaux auxquels j'avais droit.

La prison de Jieyang et le tribunal intermédiaire de Chaozhou, dans la province du Guangdong, furent tous deux tenus de me verser des indemnités d'État. Tous deux refusèrent d'admettre que mes handicaps physiques et mentaux furent causés par de mauvais traitements, par la torture, par la privation de nourriture et aux coups reçus pendant mon emprisonnement injustifié et se renvoyaient constamment la balle.

De son côté, le tribunal intermédiaire de Chaozhou affirmait, qu'en vertu de la loi sur l'indemnisation de l'État, qu'il n'était pas l'autorité légalement responsable. De l'autre côté, la prison de Jieyang déclara que le jugement erroné qu'avait prononcé le tribunal intermédiaire fut la cause première des problèmes physiques et mentaux que j'avais supposément développée en prison. Ainsi, estimèrent-ils que l'ils ne furent pas tenus de m'indemniser. Et le tribunal intermédiaire de répliquer que je ne pouvais prouver que le verdict qu'ils prononcèrent porta directement atteinte à mon intégrité physique et mentale. Ils ajoutèrent que j'estimais que ce fut en prison que se perpétuèrent toutes les formes de maltraitance et de privation. Enfin, la Cour m'invita à chercher une autre voie légale pour résoudre cette situation.

Après que le tribunal intermédiaire de Chaozhou, dans la province du Guangdong, m'invita

À « chercher un autre moyen légal pour résoudre » la question des indemnités, et que j'aie cherché par tous les moyens à poursuivre cette affaire conformément à la loi chinoise, la prison de Jieyang ressassait le même discours selon lequel il incombait à la Cour intermédiaire de prendre en charge mon indemnisation, car il considérant que la cause première de mon invalidité et de maladie fut le verdict injustifié qu'ils prononcèrent lors du premier procès. Que ce soit l'une ou l'autre des parties concernées, aucun ne semblait disposé à respecter la loi, ne fit que se renvoyer la balle et se soustraire à leur responsabilité étatique. À qui devrais-je, en tant que victime, intenter un procès pour que ce soit reconnu mes droits et intérêts légitimes ? Quels recours juridiques dois-je prendre pour que l'État daigne prendre un compte mon affaire? En outre, j'avais demandé aux autorités susmentionnées de présenter des excuses publiques et, sans grande surprise, la prison de Jieyang et le tribunal de Chaozhou me donnèrent tous deux la même réponse : cette affaire ne les concernait pas et ils refusaient de présenter quelques excuses que ce soit à la victime et à sa famille.

La complexité et la portée politique qu'eut à l'époque le « scandale du lait frelaté à la mélamine » remirent ma lutte (pour l'indemnisation des agents de l'État cette fois-ci) sur le devant de la scène publique. Elle fut suivie de près par le système « WeiWen » (ou Maintien de la stabilité par l'entremise de forces judiciaires illégales) en Chine et même à l'international. Ce scandale ébranlait la scène politique chinoise et fit resurgir des sujets sensibles comme ceux de la collusion entre les capitaux nationaux et étrangers, sur les moyens de subsistance de la population, etc. Il faut bien le dire, son impact fut ÉNORME.

Peu après mon arrestation, Yashily International Group, en plein cœur d'une histoire de collision, parvint à se coter en bourse à Hong Kong. Peu après la médiation du ministère chinois de l'Agriculture et sous les auspices de l'ancien vice-premier ministre Zhang Dejiang et de Wang Yang, Yashily fut rapidement rachetée par le groupe COFCO Mengniu, une grande entreprise d'État, pour plus de 10 milliards de yuans (~1 428 571 429 USD ou ~11 000 000 000 HKD).

Zhang Litian, l'ancien président de Yashily International, joua également un rôle clé auprès du Congrès national du peuple pour la province du Guangdong. Après mon arrestation et mon emprisonnement, le cabinet d'avocats de Pékin et l'avocat engagé par ma famille furent soumis à une enquête et placés sous la menace du ministère chinois de la Justice. L'ancienne ministre de la Justice, Mme Wu Aiying, lui apporta un soutien aveugle et total, ainsi qu'à Yashily. Dans de telles conditions, défendre mes droits légitimes s'avéra une entreprise bien plus complexe que les litiges ordinaires !

Jusqu'à présent, j'ai précisé trois points clés quant à mon procès : D'abord, mon affaire passa par la première instance du tribunal du comté de Chao'an et par la seconde instance. Ensuite, elle fut révisée une première fois par tribunal intermédiaire de Chaozhou, Enfin, il passa par un second procès de révision, pour qu'enfin le tribunal provincial du Guangdong ne juge à nouveau l'affaire. Il s'agit d'un cas plutôt rare dans l'histoire judiciaire moderne de la Chine : après huit ans de lutte et "quatre procès judiciaires", le jugement initial fut révisé et l'on finit par m'acquitter. J'aimerais souligner que cette affaire fut bien plus complexe que la majorité des affaires pénales dites "conventionnelles" puisqu'elle impliqua de nombreux agents, de nombreuses parties, de nombreux départements et des institutions en tout genre.

Naturellement, compte tenu des circonstances, nous rencontrâmes davantage de résistance de la part des autorités impliquées dans ce processus d'indemnisation et de défense des droits conformément à la loi chinoise. Il fut inévitable que les diverses autorités responsables de l'indemnisation se rejetassent mutuellement la responsabilité et se protégeassent entre elles. À travers toutes ces procédures légales d' "indemnisation d'État de Guo Li" auprès du tribunal intermédiaire de Chaozhou, nous ne cessâmes d'explorer, d'étudier et d'apprendre. Pendant plus d'un an, nous soumirent des documents de réclamation aux autorités et départements concernés, notamment celui de la Sécurité publique de la province du Guangdong, au centre de détention, au parquet et aux tribunaux. Ironiquement, chacune de ces autorités et ces départements nous répondirent d'une manière étonnamment évasive : nous ne sommes PAS la partie tenue de vous verser une indemnisation !

Un jour, je décidai d'assembler toutes les réponses que j'avais jusqu'alors obtenues et me rendis compte que toutes mes demandes furent traitées évasivement et souvent agrémentées d'imbroglios montés de toute pièce. Si nous continuions de suivre à la lettre la procédure de poursuite, non seulement nous n'atteindrions jamais notre objectif, mais nous serons toujours redirigés à droite et à gauche par le pouvoir judiciaire et finirons par épuiser nos maigres ressources financières et nos ressources d'énergie. Ainsi, nous suffit-il de prendre le temps de réajuster notre réflexion et notre plan d'attaque pour que le jour même nous intentions efficacement une action en justice pour obtenir une indemnisation de l'État et lancions une poursuite conte le poste de police et le centre de détention du comté (district) de Chao'an dans la province du Guangdong, la police et le centre de détention de Chaozhou, le tribunal du comté (district) de Chao'an, la cour intermédiaire de Chaozhou, l'administration pénitentiaire provinciale du Guangdong, la prison de Jieyang, ainsi que la plus récente Cour supérieure de la province du Guangdong.

Que tant d'autorités judiciaires soient conjointement poursuivies en justice pour une affaire d'indemnisation d'État est un cas sans précédent en Chine. Cette décision a sans aucun doute perturbé la coordination et la cohérence des réponses que s'échangèrent les autorités et les départements concernés, et entraîna assurément des contradictions et des failles au cours du processus de défense ultérieur, dévoilant ainsi de nombreuses incohérences internes et des indices compromettants.

En raison de l'écart considérable entre l'indemnisation initiale qu'on me remit et la somme réclamée dans ma demande d'indemnisation, et parce qu'il m'était à nouveau nécessaire de collecter, de confirmer et de copier un grand nombre de documents de défense et de preuves contenues dans le dossier de l'affaire précédemment classée, nous retournâmes au parquet de Chaozhou, au tribunal intermédiaire de Chaozhou, au tribunal du comté (district) de Chao'an, au poste de police du comté (district) de Chao'an et rendîmes visite à d'autres autorités concernées pour y consulter les dossiers et en retirer les informations pertinentes. Au cours de la période d'examen, de confirmation et de contre-interrogatoire, afin de se prémunir de leurs obligations légales respectives, les autorités judiciaires susmentionnées se référèrent à de nombreuses choses pour le moins étranges. Par exemple, alors que la police nous avait fourni une copie de la « Liste des objets personnels saisis », l'existence légale de ce document fut « catégoriquement niée » au cours de la procédure de contre-interrogatoire menée par la Haute Cour provinciale du Guangdong.

Durant les près de trois années entre ma libération de prison et mon acquittement, bien que mes accusations et revendications reposèrent sur mon innocence, mon approche technique consistait à me préparer en parallèle. Cependant, les revendications fondées sur les preuves de mon innocence se heurtèrent à des refus déraisonnables de la part des différentes autorités concernées quant à ma demande d'indemnisation. La défense que tint devant le tribunal de première instance les autorités responsables de ma demande d'indemnité ne fut que tromperie délibérée et leur performance presque prévisible, grotesque et honteuse.

Une fois sortie de prison, l'on me diagnostiqua diverses maladies chroniques, dont le diabète, généralement causé par l'accumulation d'un excès de nutriments dans le corps humain. En prison j'étais mis en perpétuel état de disette, mal nourri et soumis à un stress mental compulsif. L'intensité de l'inconfort sévère que je sens dans le bas de mon dos, le gonflement de mes jambes et de mes pieds, l'intensité des convulsions, des crampes et des spasmes nocturnes causés par des tortures répétées dépasse l'imagination des gens ! Un autre diagnostic médical révéla la présence d'un ulcère gastrique modéré dans l'estomac et une fracture traumatique de la colonne lombaire. Comme pour les blessures et les maladies causées directement par l'exécution d'une peine injustifiée, la demande ultérieure d'indemnisation aux agents de l'État de GuoLi (partie prison), fut traité par la prison de Jieyang, dans la province du Guangdong de manière plutôt étrange.

Par exemple, ils commencèrent par nier que j'avais été battu et maltraité à la prison de Jieyang, prison sous le contrôle du ministère de la Justice, en affirmant que mes blessures provinrent du centre de détention de Chaozhou, sous le contrôle, quant à lui, du ministère de la Sécurité publique. Ils démentirent également que la prison avait restreint mon alimentation à l'extrême et qu'ils me firent jeuner toute l'année, soulignant que mon diabète fut causé par ma préférence pour les aliments riches en sucre en prison. Ces justifications officielles ne s'accordent nullement avec les circonstances réelles de ma détention. En outre, la prison de Jieyang martela que j'avais été blessé avant même mon arrivée au centre de détention de la police, et pourtant dans le « formulaire d'examen de santé » délivré par la prison de Jieyang, l'on qualifia l'état de santé du criminel GuoLi comme « bon et sain ». Enfin, la prison de Jieyang déclara dans ce même document que mes blessures externes (colonne vertébrale lambda) furent elles aussi causées lors de mon emprisonné au centre de détention de la police. En fait, ils avouèrent plus tard qu'ils m'avaient bel et bien torturé pour obtenir des aveux, et que j'avais été battu et maltraité par les autorités de détention du Guangdong..

Des telles justifications fallacieuses de la part centre de détention du ministère de la Sécurité publique et de la prison du ministère de la Justice montre bien que l'un et l'autre ne font que se renvoyer la balle et se protègent mutuellement. La prison de Jieyang déclara dans « Une réponse aux questions pertinentes posées par GuoLi lors de son séjour à la prison de JY » que le langage et le comportement de GuoLi ne furent pas particulièrement anormaux, et qu'il participa normalement au travail organisé par la prison. En réponse à notre demande sur les mauvais traitements et l'isolement prolongé, la prison de Jieyang déclara cette fois-ci que GuoLi refusa de participer à la réforme du travail en vertu de son innocence, et ce depuis les débuts de son incarcération. Toute cette mascarade témoigne bien de leurs incohérences, d'une logique pour le moins confuse et d'une extrême absurdité. Je refusais de plaider coupable et de participer au travail, et pour cela les autorités pénitentiaires m'empêchèrent de m'alimenter convenablement. Il suffit de jeter un simple coup d'œil à ma la liste de courses pour comprendre que je ne reçus aucun des repas supplémentaires auxquels avaient droit les autres détenus et que je ne pus me procurer des produits alimentaires et nutritionnels additionnels quotidiens conformément à la réglementation de la loi chinoise sur les prisons. Je passai ces cinq années de famine et de malnutrition sévère en achetant du sucre, des biscuits et des cornichons, presque seuls aliments auxquels j'avais accès. Mes effets personnels et mon argent de poche furent également saisis et détournés illégalement par le département des finances de la prison de Jieyang. Dans le processus de correction et de fabrication de faux certificats après coup, les services financiers du centre de détention de la police et de la prison judiciaire révélèrent leurs failles et la prison de Jieyang tenta de détruire les registres comptables des dépenses des détenus, en vain. Je parvins, conformément à la loi, tout de même à exposer cette supercherie.

Afin de m'empêcher d'exposer la vérité, en septembre 2019, lorsque nous nous sommes rendus au tribunal du comté (district) de Chao'an pour copier une partie du dossier supposément « perdu », le tribunal refusa à nouveau de nous le copier conformément à la loi, et ils me remirent un avis spécial. Pourtant, au cours des cinq années entre ma sortie de prison et ma demande d'indemnisation par l'État, j'ai pu reproduire, et ce à de nombreuses reprises, et conformément à la loi chinoise, ce même document. Que tribunal du district de Chao'an refuse de me laisser copié un document auquel j'avais eu légalement accès par le passé constituait-il une « violation des lois et règlements » ?

Quoi qu'il en soit, le 23 juillet 2018, la Haute Cour de la province du Guangdong forma un collège d'experts sur ma demande d'indemnisation et soumit à contre-interrogatoire les représentants du tribunal intermédiaire de Chaozhou, l'une des autorités jugées responsables des indemnités d'État de GuoLi et moi-même.

Au cours de la séance de contre-interrogation, je fournis des explications détaillées et jointes des preuves pour chaque élément d'indemnisation de la demande de réexamen de la Haute Cour.

Le premier point concerna la question de l'indemnisation pour perte de salaire. À l'époque, le tribunal intermédiaire de Chaozhou décida de me verser une indemnité d'environ 500 000 yuans (environ 71 428,57 dollars) conformément à la norme salariale uniforme de l'État pour les ouvriers et les employés. De mon côté, je leur précisai le niveau de salaire moyen des employés à Pékin de 2009 à 2018, ainsi que mes revenus antérieurs en tant qu'interprète simultané international. Il fut clairement montré que le tribunal intermédiaire de Chaozhou ne tint pas compte de la nature réelle de mon travail et du niveau de vie de la victime à Pékin conformément à la loi, et s'en remit à une norme unifiée (soit, salaire minimum de l'État ou norme de rémunération) pour calculer mon indemnisation, méthode complètement inadaptée à la situation.

Le deuxième point que je présentai concerna les demandes de remboursement des frais de déplacement. Le tribunal intermédiaire de Chaozhou fit valoir qu'il n'existait aucune disposition légale explicite dans la loi quant à l'indemnisation des frais de déplacement du demandeur. Pourtant, sur la base de ma demande qu'il considérait aujourd'hui injustifiée, cette même cour m'avait auparavant remis une indemnisation de 7 209 yuans (~1 000 USD) pour les frais de déplacement, dans le cadre d'une « attention spéciale » qu'elle m'accordait sous la forme d'une subvention. D'un autre côté, nous rappelions que la Cour intermédiaire de Chaozhou fut la partie responsable de cette faute judiciaire et, par conséquent, qu'elle devint responsable du dédommagement.

Nous estimons que la partie responsable de ma condamnation injustifiée fut le tribunal intermédiaire de Chaozhou. Sans ce jugement, nous n'aurions pas eu besoin d'effectuer tous ces allers-retours et que, par conséquent, ces frais de déplacement dont je dus m'acquitter devraient être pris en charge par l'autorité responsable de la condamnation injustifiée.

Le troisième point concernait la question des excuses publiques. Je me référai à l'affaire « Nie Shubin », cas bien connu en Chine à l'époque, nous exigeâmes que le tribunal intermédiaire de Chaozhou présente des excuses formelles et sincères à la victime sur l'internet, dans les médias et dans le cadre d'autres manifestations publiques. Le tribunal intermédiaire de Chaozhou, quant à lui, fit valoir qu'il m'avait déjà présenté des excuses en privé lorsqu'ils acceptèrent ma demande d'indemnisation. À ce moment, ma mère, XIN Hong, prit la parole et présenta à la Haute Cour provinciale une explication à ce sujet. Ainsi, elle leur explique que peu de temps après ma libération, je pus voir mon enfant pendant les vacances. Après la révision du verdict, les médias documentèrent publiquement, et avec force abondance, mon parcours et l'enfant finit par apprendre sur internet que, si son père avait disparu pendant cinq ans, c'est qu'il fut maintenu en prison. À l'époque, mon enfant n'avait que 12 ans et elle ne comprenait toujours pas les circonstances au cours desquelles j'avais été condamné. Ce qu'elle a su de prime abord, c'est que son père, surnommé « A Flying Dad », fut un prisonnier, un détenu condamné à Guangdong. Parmi ses camarades de classe, quelques-uns en eurent vent, et mirent à se moquer d'elle, ce qu'elle ne put accepter et n'y voyait que du feu. Depuis qu'elle apprit qu'on m'avait envoyé en prison, elle ne désira plus me revoir. Pour cette raison, nous insistions pour que le tribunal intermédiaire de Chaozhou me présentât des excuses publiques et formelles, conformément à la loi. Que le tribunal intermédiaire de Chaozhou se soit excusé en privé témoigne bien de leur mauvaise foi et n'apporte absolument rien à l'éducation judiciaire de la Chine.

Le quatrième point concerna les traitements médicaux ultérieurs de l'enfant et du paiement de la pension alimentaire. Je demandai à la personne responsable actuellement de l'enfant de dresser une liste détaillée. Les dommages causés aux enfants par les préparations pour bébés à base de mélamine, jusqu'à ce jour irréversibles, les accompagneront toute leur vie. Mon enfant souffrit de vertiges fréquents, se retrouva dans l'incapacité de suivre ses cours d'éducation physique à l'école et manifesta de séquelles sous forme de maladie chronique, comme l'épilepsie, etc. Cependant, comme j'ai été injustement emprisonné pendant cinq ans, je n'ai pu remplir mon rôle de tuteur légal et ne pus subvenir aux besoins présents de mon enfant et le handicap et les maladies que je développai en prison me firent perdre, du même coup, la capacité à subvenir à ses besoins futurs en raison. Selon la loi chinoise sur l'indemnisation par l'État, l'autorité responsable d'indemniser la partie lésée doit aussi indemniser le descendant direct de la partie lésée s'il y a lieu et conformément à la loi. Le tribunal intermédiaire de Chaozhou rejeta catégoriquement cette demande d'indemnisation, affirmant qu'elle ne reposait sur aucun fondement juridique.

Le cinquième point concerna les demandes d'indemnisation pour les séquelles physiques et psychologiques subies en prison. Indemnisation pour laquelle nous menâmes un combat féroce avec le tribunal intermédiaire de Chaozhou et la prison de Jieyang dans la province de Guangdong. Le tribunal intermédiaire de Chaozhou estima que mon handicap fut causé par le département de la sécurité publique (police) de Chaozhou et la prison de Jieyang chargé de la détention des criminels, et tous deux sous la responsabilité du ministère de la justice, de telle sorte que le tribunal intermédiaire ne fut pas l'autorité responsable d'indemniser la victime.

Les autorités policières de Chaozhou affirmèrent, de leur côté, que les traces de mon handicap furent observées après ma libération de prison, lesquelles autorités confirmèrent aussi qu'avant mon transfert à la prison de Jieyang, je fus en "bonne" condition physique, sans handicap ni maladie ». Selon elles, mon handicap ou ma maladie ne relevaient en rien de la responsabilité de la police dépendant du ministère de la Sécurité publique, et n'étaient donc pas tenus de m'indemniser. De son côté, la prison de Jieyang soutint qu'elle n'a fait qu'exécuter le jugement erroné rendu par la cour. Les autorités pénitentiaires et carcérales nièrent catégoriquement les preuves que nous leur avions soumis selon lesquelles je fus lynché par la police et les criminels sous leur égide, torturé et maltraité en prison.

Cependant, dans la procédure de défense correspondante, grâce à notre stratégie de recours groupés et à un dépôt de plaintes simultané, nous leur avons coupé l'herbe sous le pied, et nous ne leur laissâmes pas le temps d'établir un consensus ni même de coopérer entre eux. Ils se retrouvèrent dans une situation embarrassante puisque les arguments et les preuves présentés par les différentes autorités tenues responsables de l'indemnisation présentèrent des contractions et des incohérences manifestes entre eux, et leur défense se retrouva d'un coup impotent.

Au même moment, nous fournissions un certain nombre de preuves et de contre-preuves quant aux aveux obtenus par la torture, le passage à tabac et la mutilation perpétrés par mes compagnons de cellule, ainsi que la mise au silence et les mauvais traitements subis en détention. Ces circonstances furent étayées par les premiers dossiers et les enregistrements d'interrogatoires auxquels nous avions eu accès. Dans les procès-verbaux originaux des interrogatoires menés par l'ancienne police du comté de Chao'an, le parquet du comté, le tribunal intermédiaire de Chaozhou et d'autres autorités chargées de mon dossier, il fut explicitement fait mention de tortures pour obtenir des aveux, de menaces, de privations de sommeils perpétrées sur plusieurs jours et plusieurs nuits, d'isolement, de lynchage perpétré par d'autres détenus dans le centre de détention. Nous disposions des documents originaux, de témoignages et d'une multitude de preuves. Un an avant ma libération en 2014, la prison de Jieyang me plaça en isolement dans le secteur de l'hôpital, après m'avoir lourdement handicapé. Au cours de cette période, je remis au chef de section une demande manuscrite pour pouvoir appel téléphonique auprès de ma famille afin des les prévenir de la situation, et le district de la prison rédigea également un rapport manuscrit à ce sujet. Cette demande écrite et cette réponse originale relatèrent l'existence des maltraitances et des soins rudimentaires qu'on me prodigua en prison.

Après ma libération, plusieurs hôpitaux de Pékin, classés AAA, les évaluations médicales pluridisciplinaires de mon état de santé et de mon handicap auxquelles je fus soumise suffirent à prouver que mes handicaps furent bien causés par cinq années d'emprisonnement extrêmement violentes. Le tribunal intermédiaire de Chaozhou estimait qu'on ne pouvait les tenir pour responsable pour les préjudices physiques et psychologiques qu'on me fit subir, mais n'arrivait pas à trouver des preuves pour l'étayer. Elle se contentait de répéter que nous étions responsables de prouver que le handicap et la maladie furent causés en prison. Il faut bien le dire, cela revient décidément à mettre la charrue devant les bœufs, car selon la loi nationale, c'est à celui qui avance une affirmation de fournir les preuves. Que le tribunal imposât des exigences illégales au demandeur constitue un cas type de méconnaissance et de résistance de la part des autorités judiciaires que je pus rencontrai au cours de mon processus de défense.

Ils ne cessèrent de jouer avec les deux concepts « techniques et juridiques » que sont le « droit à la vie privée » et le « droit à la santé ». Encore une fois, je tiens à donner un exemple de l'inconsistance et des contradictions internes dont leur défense se trouvait criblée. Dans leur évaluation de ma peine, la prison de Jieyang indiqua que GuoLi ne participa à un travail productif pendant sa peine, qu'il se refusa à plaider coupable devant la loi, qu'il obtint de très mauvais résultats en matière de réforme idéologique et qu'il ne reçut, au cours de sa peine, aucune récompense administrative. Ainsi, Guo ne remplit aucune des conditions requises pour bénéficier d'une commutation de peine et d'une libération conditionnelle, de telle sorte, qu'effectivement, il n'avait reçu aucune commutation de peine pendant son incarcération. Dans le cadre d'une autre demande d'indemnisation pour invalidité, la prison de Jieyang envoya au tribunal intermédiaire de Chaozhou une lettre, intitulée « lettre de réponse concernant la situation de GuoLi pendant sa peine », et dans laquelle ils s'exprimèrent en ces termes : « Pendant qu'il purgeait sa peine, le langage et le comportement de GuoLi ne présentèrent aucune anomalie apparente. GuoLi participa normalement au travail organisé par la prison ». Quant à mon handicap, la prison de Jieyang déclara que je fus en bonne condition physique et que je ne présentais aucune anomalie de santé en prison, tandis que le centre de détention de la police de Chaozhou déclara quant à lui que « Guo était au centre de l'attention des malades : Guo a été le point de mire des détenus malades lors de sa première session de nouveau procès, lorsqu'il a été escorté de la prison de Jieyang au centre de détention de Chaozhou ». Des incohérences semblables abondent dans les nombreuses défenses établies à la suite des demandes d'indemnisation multiples que nous déposâmes simultanément.

Une autre partie très importante de la demande d'indemnisation consista à enquêter sur Zhang Litian, Wu Xiaonan ainsi que sur les autres membres du groupe Yashily International, lesquels m'accusèrent à tort et participèrent activement à cette machination juridique dont je fus la victime. Jusqu'à présent, le département de la sécurité publique de Chaozhou, dans la province de Guangdong, n'émit aucune plainte ni poursuite contre Zhang Litian, Wu Xiaonan et compagnie conformément au droit pénal chinois pour avoir monté un faux dossier d'accusation pour « extorision » contre moi et pour m'avoir entrainé dans une machination juridique. Même les autorités locales de Guangdong protégèrent vigoureusement Yashily. Il s'agit là d'une excellente étude de cas et d'un exemple magistral de collusion entre le gouvernement et les entreprises « GuanShang » (ou entreprise des fonctionnaires du gouvernement). Mon cas provoqua un tollé dans le monde entier, surpris et intrigué par toutes ces scènes des corruptions judiciaires en Chine.

En fin de compte, la Haute Cour provinciale de Guangdong, l'une des autorités tenues qui d'entendre l'affaire d'indemnisation de GuoLi, nous demanda s'il y eut un complément à notre demande d'indemnisation publique. Nous leur répondîmes que nous ajouterions un montant additionnel de 5 millions de yuans (~714 286 USD) et le tribunal de nous demander si nous acceptions la médiation, ce à quoi nous répondîmes par l'affirmative. Zhang Yuebin, représentant de la Cour intermédiaire de Chaozhou, nous déclara qu'ils devaient se référer à leur supérieur après leur retour à la ville de Chaozhou et qu'ils établiraient ensemble un verdict.
Outre la demande d'indemnisation par l'État, nous avons également intenté un procès administratif contre le département de la sécurité publique de la ville de Chaozhou, dans la province de Guangdong, quant à la « disparitions » de certains effets personnels à mon domicile à Pékin. Il ne fut pas bien difficile de prédire que les autorités locales impliquées dans cette affaire se renvoyèrent la balle et se protégèrent mutuellement, et que leurs discours se trouvaient, encore une fois, criblés de contradiction. Le corpus de preuves et de faits accumulés au cours de cette affaire fut minutieusement compilé par nos soins. Quant à la demande de restitution des biens personnels de GuoLi, saisis illégalement par la police du comté (district) de Chao'an, nous présentâmes une liste des

objets confisqués, émis par l'ancien département de la Sécurité publique du comté de Chao'an.

Cette liste en main, la police comprit que les procédures et le contenu de l'affaire impliqueraient certains membres de personnel, et détruisent ou dissimula les preuves. Cependant, avant qu'ils n'accomplissent leur méfait, nous pûmes acquérir légalement une copie de ces documents dès les premières étapes de la procédure, auprès du tribunal du comté de Chao'an, chargé du premier procès.

À propos de cet incident, je me souviens que le 23 juillet 2014, peu de temps avant l'arrestation interprovinciale orchestrée à Hangzhou, dans la province du Zhejiang, un autre groupe de la police spéciale du Guangdong, accompagné de la meilleure amie de mon ex-femme, Zhang Lin, fit irruption à mon domicile dans le district de Xicheng, à Pékin. Au cours de cette perquisition, la police saisit illégalement des échantillons de lait maternisé Scient et « perquisitionnèrent » ma collection d'albums philatéliques, mes combinaisons de course Lamborghini et d'autres objets précieux. Aucun de ces biens ne fut, conformément à la loi chinoise, enregistré ni consigné sur la procédure pénale, et dont nous constatâmes la disparition que bien plus tard ! Mon ex-femme GaoHong confirma que les objets saisis consignés sur la liste furent bien à moi, mais on ne lui remit pas la copie originale de la liste signée, ce que la police chargée de l'affaire aurait pourtant dû lui remettre. Comme je suis le véritable propriétaire de ces objets, ce fut légalement à moi de signer la liste, mais dans la colonne « Témoins », c'est bien la signature de Zhang Lin qu'on peut distinguer ! Zhang Lin fut l'une des conspiratrices et fausses témoins principales impliquées dans la concoction du « coup monté » orchestrée par Yashily. Qu'on la fît signer dans la partie réservée aux témoins constitue manifestement un acte illégal et, conséquemment, la liste que nous parvînmes à obtenir du tribunal de première instance regorgeait de contre-preuves.

Lorsque je soumis ma demande au tribunal, le juge responsable de la procédure de révision a spécifiquement vérifié cette demande, l'un des principaux éléments de preuve dans le cadre de la deuxième affaire d'indemnisation de l'État. Le juge ajouta un commentaire à la copie de la liste [de saisie] que nous lui avions soumis : « Après que le tribunal populaire intermédiaire de Chaozhou se rendit au tribunal de comté de Chao'an pour vérifier le dossier criminel, nous nous rendirent compte que la sécurité publique (de la police de Chaozhou) omit de transférer cette liste de saisie ». Quant aux demandes d'indemnisation additionnelle liée à la saisie illégale des effets personnels de GuoLi, le tribunal populaire intermédiaire de Chaozhou, dans la province de Guangdong, fit valoir qu'en l'absence d'enregistrement de la liste [de saisie] par la police, il leur fut impossible d'évaluer l'étendue des pertes véritables et de prendre ma demande d'indemnisation au sérieux. Néanmoins.. Ils oublièrent que cette liste de preuves fut copiée par mes soins, moins d'un an après ma libération de la prison de Jieyang. Devant ces preuves, ils se montrèrent complètement abasourdis et fort confus. Par conséquent, en désespoir de cause, le tribunal de Chaozhou rendit un second jugement, et accepta de me remettre une indemnisation de 5 690,30 yuans RMB (~ 812,90 USD) dans le cadre de l'affaire « GuoLi's State Compensation(s) » pour la disparition des effets personnels saisis illégalement à mon domicile (N.412) par les policiers et leurs complices. Grâce à la prononciation de ce jugement, à ma défense et au tribunal, la collusion, la dissimulation et la tromperie des autorités judiciaires responsables de mon cas furent exposées au grand jour.

Il convient d'ajouter que lorsque les juges de la Cour intermédiaire de Chaozhou m'interrogèrent, lors du premier procès de révision en 2010, je leur ai signalé les coups et les mauvais traitements que les Chao'An et de Jieyang me firent subir. Au même moment, je saisis ma chance et leur demandai que, s'il advenait qu'on me reconnut encore coupable lors de ce premier procès de révision, qu'on ne me renvoie pas à la prison de Jieyang pour purger ma peine. À ce moment-là, le juge m'assura qu'un compte rendu fut rédigé et que ma demande serait rapidement transmise aux services compétents, responsables de l'application de la loi.

La Cour intermédiaire de Chaozhou ignorait l'existence de cette demande antérieure ainsi que l'existence des preuves documentaires rattachée. Ces mêmes rapports permirent, plus tard, au Parti communiste chinois de mettre en examen, puis de sanctionner certains juges, procureurs et agents de police responsables de cette machination juridique.

Le cours que suivit le processus de défense de mes droits au cours des années s'éloigne sans aucun doute de mes premières espérances et de mon intention initiale, mais grâce à ma ténacité, ma lutte eut assurément un impact significatif sur l'évolution de la législation chinoise en matière de sécurité alimentaire et déclencha certaines réformes judiciaires.

Des personnalités du monde juridique, y compris le professeur LUO Xiang, une autorité en droit pénal chinois et juriste de renom, se référèrent à plusieurs reprises à mon cas dans leurs cours magistraux, ceux-là mêmes que suivent les étudiants en droit pour passer l'examen national de droit en Chine. Il souligne bien que mon cas poussa la Cour suprême chinoise et le ministère de la Justice à redéfinir et à préciser leur définition juridique du « crime d'extorsion » dans le domaine de la consommation. Il conduisit aussi à la révision détaillée du droit pénitentiaire chinois quant à la reconnaissance de culpabilité, l'acceptation de la loi, ainsi que la commutation et la libération conditionnelle des peines.

Le professeur LUO Xiang mentionne également dans son ouvrage *"Lectures on Criminal Law"* que les « dispositions sur plusieurs questions relatives à l'application spécifique de la loi dans le traitement des affaires de commutation et de libération conditionnelle", adoptée par la Cour suprême de Chine le 19 septembre 2016, et qu'elle mit en application le 1er janvier 2018, contiennent désormais une clause très particulière sur la condition de "reconnaissance de culpabilité et de repentir" pour la commutation de peine, que voici :

"Le droit d'un condamné à intenter une mise en appel pendant l'exécution de sa peine doit être protégé conformément à la loi, et sa mise en appel légitime ne peut être considérée par les autorités pénitentiaires comme le refus de reconnaître sa culpabilité et de se repentir sans une analyse plus approfondie »

Peut-être que M. Guo Li apporta une contribution significative à cette clause.

Au moment de la publication de ce livre en anglais, après ces seize années de lutte effrénées et menées en solitaire entre 2008 et 2024, les résultats espérés ne furent toujours pas atteints. Cependant, à la seule pensée que des Hommes, encore aujourd'hui en lutte, puissent se référer et continuer mon propre combat pour que soit enfin réformé comme il se doit le système judiciaire chinois et favoriser le progrès de l'État de droit chinois, mon cœur s'en trouve apaisé.

Après plus de trois mois de préparation, le 28 mai 2018, nous déposâmes une demande de réexamen de l'indemnisation par l'État auprès de la Haute Cour provinciale de Guangdong. À la veille du processus de révision tenu à la Haute Cour provinciale du Guangdong à Guangzhou, la capitale provinciale du Guangdong, je vécus une chose étrange. Après

que la Haute Cour provinciale du Guangdong eut envoyé à mon adresse à Pékin la « notification de contre-interrogatoire » officiellement émise par le bureau de la Cour, on m'informa qu'à peu près une heure après son arrivée à Pékin, le document de la Cour fut déjà trié et livré par le bureau de la poste chinoise dans le district de Haidian à Pékin. Je m'y rendis, et après un peu plus d'une d'attente, on m'informa que le document de livraison exprès avait « disparu » dans le centre de tri du bureau de la poste chinoise du district de Haidian !
Après que nous confirmâmes et reconfirmâmes que l'envoi spécial fut bien perdu, nous avons immédiatement contacté par téléphone la Haute Cour de la province de Guangdong et lui avons demandé de le renvoyer et de nous informer verbalement du contenu spécifique de l'AVIS. Le juge de la Haute Cour nous répondit qu'une telle pratique fut incompatible avec les dispositions de la loi. Autrement dit, qu'il ne pouvait renvoyer à plusieurs reprises les mêmes documents juridiques avec le même numéro de dossier et de divulguer oralement le contenu spécifique de l'affaire aux parties. Après que les deux parties s'assurèrent que document fut bien « perdu », le China Post Beijing Haidian Office fut contraint de s'excuser en personne auprès de moi et de ma famille et de me remettre près de 10 000 yuans (~USD 1 428,57) pour la perte de voyage personnel et la perte de travail causées par son erreur. À bien y penser, il m'apparait fort douteux qu'un document envoyé par courrier exprès, et par le tribunal de surcroît, puisse se volatiliser comme ça dans leur bureau. Les archives internes de China Post nous indiquèrent bien que le courrier se trouvait auparavant dans le bureau de poste. On ne sait pas si, en raison des particularités de cette affaire, des obstacles internes furent mis en place pour les empêcher ou les gêner la procédure de livraison, et cela restent, encore à ce jour, un mystère. Nous ne nous attendions pas à ce

que China Post Beijing Haidian Office traite cette question et adopte une attitude plus responsable, mais si mon cas peut conduire à l'amélioration de la qualité des services postaux en Chine, alors mes efforts et ma persévérance en valent la peine et ne sont pas vains.

Quelques jours avant le début du contre-interrogatoire, je me précipitai de Pékin jusqu'à la Haute Cour provinciale de Guangdong pour y rééditer les documents juridiques que le bureau de poste de Pékin perdit mystérieusement. Ensuite, Z.H. Deng, un ami de Guangzhou, nous aida à réserver un hôtel à proximité du bâtiment de la Cour. Il ne restait plus qu'à attendre l'ouverture officielle de la procédure de contre-interrogatoire de la Cour.. L'après-midi du jour précédant l'ouverture du contre-interrogatoire, un juge de la Haute Cour provinciale de Guangdong m'a soudainement appelé pour nous informer que la séance de contre-interrogatoire fut temporairement annulée ! Jamais nous ne comprîmes qu'elle fut le parcours décisionnel l'origine de cette annulation. Peut-être étaient-ils tous préoccupés ou effrayés par quelque chose ! Avec leurs arrière-pensées et leurs messes-basses ? Encore à ce jour, nous n'avons reçu aucun éclaircissement...

Bien que mes nombreuses demandes d'indemnisation de l'État que je déposai contre les autorités responsables à tous les niveaux conformément à la loi reposèrent sur des bases juridiques solides, presque toutes furent rejetées (et annulées) par la Haute Cour provinciale du Guangdong sans aucune justification légale. Lorsque la Haute Cour provinciale prononça sa décision, dans des circonstances normales, je me serais rendu au tribunal local de Guangzhou pour la récupérer et répondre aux questions après le jugement. Cependant, il m'apparait extrêmement inhabituel que trois juges et greffiers du Bureau des indemnisations de la Haute Cour provinciale du Guangdong, dont Li Xiaohui et Zhang Hongting, m'aient délibérément conduit et induit en erreur puisqu'ils me redirigèrent vers un bureau situé dans les locaux des juges de la Cour suprême de Chine, sur Nanding Road, dans le district de Fengtai à Pékin et me recommandèrent aussi de soumette une plainte à la Cour suprême de Chine à Pékin pour l'affaire des "indemnisations d'État de GuoLi".

La Haute Cour provinciale du Guangdong ne souhaitait que confirmer le jugement initial et, pour y parvenir, ils envoyèrent un représentant spécial, que nous devions rencontrer dans le « bureau des juges » de la Cour suprême de Chine. Pendant cette période, il a été spécifiquement indiqué que si nous n'étions pas satisfaits par le verdict rendu par la Haute Cour provinciale du Guangdong, nous pourrions faire appel directement auprès de la Cour populaire suprême.

J'ai soigneusement lu les questions-réponses après le verdict et, une fois sur place, j'énumérai clairement dans le « registre des questions-réponses » tous les points que je crus erronés dans le jugement que remit le tribunal. Tout ceci montre bien que nous ne pouvions nous contenter de porter encore et encore le jugement de la Cour suprême, « guidée » par la Haute Cour provinciale du Guangdong, en appel et qu'il nous fallut plutôt trouver d'autres moyens « appropriés » pour déposer des plaintes et des réclamations.

Les juges en charge de l'affaire, Li Xiaohui et Zhang Hongting, lurent nos réfutations placées dans le registre « questions-réponses » et durent, à contrecœur, accepter les preuves que nous avions soumises et reconnaitre qu'il y avait, en effet, des lacunes dans leur jugement. Peu de temps après, nous déposâmes plusieurs demandes d'indemnisation d'État et toutes furent acceptées par les tribunaux compétents de la ville ou du district du Guangdong. Cependant, peu de temps après que le dossier fut pris en charge, les tribunaux rendirent la même décision qu'auparavant, et nous essuyèrent à nouveau un refus.

Nous nous confrontâmes à de nombreux refus déraisonnables au cours de ce long processus d'indemnisation. La réfutation du contenu des dossiers d'indemnisation (blessures, maladies, handicaps développés et subis en prison), ne se fondait sur aucune base juridique solide.

Avec les nombreuses preuves et les nombreux documents dont nous disposions, ces contretemps furent rapidement réglés et nous exposions, du même coup, toute l'hypocrisie et de la laideur du système judiciaire dans la province chinoise du Guangdong.

Dès que fut assemblé notre dossier, je soumis une nouvelle requête de révision à la Cour suprême de Chine, demande qu'elle rejetât promptement. On nous expliqua que notre demande d'indemnisation ne respecta pas les délais de prescription de deux ans, prévus par la loi. Autrement dit, bien que ma demande d'indemnisation soit fondée, conformément à la loi chinoise, sur mon acquittement par le tribunal et bien qu'elle fut déposée et acceptée conformément à la loi sur l'indemnisation publique, « soudainement », l'on m'annonça que me demande fut rejetée pour un motif absurde, soit que je ne soumis pas ma demande avant la fin du délai prescrit par la loi. La Cour suprême de Chine, dans son interprétation judiciaire relative à cette disposition légale, avait émis une nouvelle réglementation de la Loi sur l'indemnisation de l'État contre ma demande d'indemnisation de l'État à partir du 1er juin 2023 :

[Affaire d'indemnisation de l'État de GuoLi] APRÈS que le dossier déposé ne fut « rejeté » par la Cour :

"Interprétation de la Cour populaire suprême sur plusieurs questions relatives à l'application du régime de prescription pour les affaires d'indemnisation judiciaire"

Chapitre VII 195

**Article 3** : Si un demandeur sollicite une indemnisation conformément aux dispositions des articles 4 et 5 de l'article 17 de la Loi chinoise sur l'indemnisation de l'État attendu que ses droits personnels furent violés, le calcul du délai de prescription de la demande commencera à partir de la date à laquelle il ou elle prit ou aurait pu prendre connaissance du résultat du préjudice; quant au préjudice, si ces conséquences ne peuvent être établies à ce moment-là, la date du délai de prescription sera calculée à partir du moment où celle-ci sera déterminé.

**Article 4** : Si un demandeur d'indemnisation introduit une demande d'indemnisation conformément au paragraphe 1 de l'article 18 de la loi chinoise sur l'indemnisation de l'État parce que ses droits de propriété furent violés, le délai de prescription de la demande sera calculé à partir de la date à laquelle le demandeur reçoit le document juridique mettant fin aux procédures pénales ou d'exécution. Toutefois, si l'autorité responsable du dossier n'a pas encore terminé le traitement des biens concernés après la clôture des procédures pénales ou d'exécution, le délai de prescription sera calculé à partir de la date à laquelle le demandeur d'indemnisation a su ou aurait dû savoir que ses droits de propriété avaient été violés.

[L'affaire de l'indemnisation par l'État de GuoLi] AVANT que l'affaire déposée ne soit « rejetée » :
Conformément à l'article 32 de la « loi chinoise sur l'indemnisation par l'État » : « Le délai de prescription pour demander une indemnisation à l'autorité responsable de l'indemnisation est de deux ans, calculés à partir de la date à laquelle le comportement de l'autorité de l'État et de son personnel dans l'exercice de leurs pouvoirs a été confirmé comme étant illégal conformément à la loi, mais la période de détention du demandeur n'est pas incluse. Si le demandeur

n'est pas en mesure d'exercer son droit de réclamation en raison d'un cas de force majeure ou d'autres obstacles au cours des six derniers mois du délai de prescription de la réclamation, le délai de prescription continue à courir à partir de la date à laquelle la raison de la suspension du délai de prescription est éliminée, selon le calcul.

Et conséquemment, le délai de prescription de l'indemnisation nationale en Chine comprend les éléments suivants :

1. Le délai de prescription est toujours de deux ans.
2. Le délai de prescription pour l'indemnisation de l'État n'est pas calculé à partir de la date à laquelle la victime a subi un préjudice, ni à partir de la date à laquelle il ou elle sût ou aurait dû savoir que ses droits et intérêts légitimes avaient été violés. Il est plutôt calculé à partir du comportement des autorités de l'État et de leurs agents dans l'exercice de leurs pouvoirs jusqu'à la date à laquelle la violation est confirmée conformément à la loi.

Un avocat de Pékin, MO Shaoping, déclara la même année, lors d'une entrevue avec le journaliste GuTing de [Radio Free Asia] : « D'un point de vue juridique, si l'autorité judiciaire porta préjudicie à un individu et que ce même individu fut finalement reconnu innocent, l'autorité judiciaire fautive devrait prendre l'initiative de dédommager la victime (comme GuoLi) ! »

Que la Haute Cour provinciale de Guangdong et la Cour suprême de Chine aient rejeté ma mise en appel en vertu de la réglementation « du régime de prescription pour les affaires d'indemnisation judiciaire de la loi » provoqua de tumultueux débats au sein de la communauté juridique. La plupart des universitaires et des avocats de renom de la communauté juridique prirent mon parti. Ils estimèrent que les demandes d'indemnisation pour dommages corporels, préjudices et dommages matériels devraient être « imprescriptibles », c'est-à-dire qu'elle ne devrait pas être soumis à un délai de prescription. Ils exemplifièrent ce qu'ils avançaient de nombreux cas de figure tel que celui de « Nie Shubin » dans la province chinoise de Hebei. De la même manière que la Cour suprême déclara que le délai légal pour demander une compensation fut expiré, l'affaire de Nie fut elle aussi jugé prescrite (ou expirée), mais la Haute Cour provinciale du Hebei lui a tout de même rendu, conformément à la loi, des « excuses publiques et lui a remis une indemnisation de l'État ».

Les avocats chinois estimèrent pour la plupart que le tribunal commit une bévue en rejetant ma demande d'indemnisation en soutenant que le délai de prescription pour l'indemnisation par l'État fut expiré. Même avant que ne fut réformée la loi chinoise sur l'indemnisation publique le 1er juin 2023, il fut mentionné dans mon second procès de révision que « la victime GuoLi peut demander une indemnisation publique dans un délai de deux ans après avoir été acquitté conformément à la loi chinoise ». Mais à présent, le tribunal a illégalement rejeté ma demande d'indemnisation de l'État et ma réclamation au motif que « le délai de prescription des affaires GuoLi fut expiré ». Par la même, il nie les droits légaux de la victime et requérant, GuoLi, à obtenir une indemnisation de l'État. Pourtant, la Haute Cour provinciale du Guangdong prononça clairement et publiquement que celui-ci fut acquitté dans son verdict du 7 avril 2017. Il arrive que les lois d'un pays comme la Chine se contredisent, et le motif invoqué par la Cour suprême pour justifier leur refus est particulièrement honteux et absurde.

Actuellement, nous continuons à préparer l'accusation ou l'appel dans l'affaire de « l'indemnisation (ou non) de l'État pour GuoLi ». Grâce à mes 16 années de lutte et de persévérance, la Cour suprême, le Parquet suprême et le ministère de la Justice apportèrent des amendements et de nouvelles interprétations à plusieurs dispositions légales, y compris à la législation sur la loi chinoise sur la sécurité alimentaire. L'entrée en vigueur de certaines nouvelles lois modifiées fut appliquée immédiatement après qu'eut lieu l'affaire d'indemnisation de GuoLi.

Aujourd'hui encore, je ne bénéficie pas des protections judiciaires et des droits dont je devrais bénéficier aujourd'hui, conformément à la loi. Mais ma persévérance et mon esprit tenace me permirent d'améliorer le système judiciaire chinois et le respect des droits humains. En tant que défenseur solitaire des droits humains, je considère que c'est lorsque survient ce genre de changement que ma lutte prend tout son sens.

Quant à mes anciens codétenus à la prison de Jieyang, j'entretins très peu de contacts avec eux, bien que certains aient pris l'initiative de témoigner en ma faveur. Néanmoins, les seuls preuves et faits contenus dans le dossier de l'affaire GuoLi suffisent à témoigner des enjeux juridiques qu'implique la violation de mes droits personnels, de mes droits à la santé, ainsi que de mes droits à la vie et à la propriété.

En fait, je ne suis pas pressé de demander à mes codétenus de se lever seul et de témoigner en ma faveur. Au contraire, j'aidai certains détenus et activistes de toute la Chine à éclaircir quelque point précis de la loi et leur prodiguai volontiers des conseils sur leurs affaires juridiques personnelles ultérieures. L'influence de GuoLi , surnommé « @The Father of KidneyStone Babies », dans le pays et à l'étranger et de l'influence de ma réputation dans certains milieux juridiques et de défense des droits de l'homme en Chine, des cas comme celui de la familiale de LI Xin et HE Fangmei (surnommée la 13e sœur) dans la province chinoise du Henan et bien d'autres encore furent « rapidement digérés

» par les autorités civiles et judiciaires locales, ou furent traités et résolus « en catimini » par les autorités responsables. Prenons pour exemple le cas d'une famille située près du temple Lama dans le district de Dongcheng à Pékin, qu'un bar de nuit très bruyant tenta de chasser délibérément pendant de nombreuses années. Bien que cette famille ait insisté pour défendre ses droits, leur affaire, pendant de nombreuses années, ne fit que stagner. Quelques jours après qu'ils m'eurent contacté et que j'intervins, le bar de nuit fut fermé conformément à la loi pour des raisons de bruit et pour délit d'interférence délibérée avec la vie quotidienne de la famille.

Des « victimes » venues de partout Chine reçurent mon aide ou celle de mes amis dans le processus de défense de leurs droits. Lorsque les autorités responsables des dossiers ou que les agents de la sécurité nationale apprennent que me range du côté de la victime pour l'aider dans son doser, ils choisissent immédiatement d'agir et d'accélérer le processus. Ils semblent craindre que mon intervention nuise à leurs intérêts personnels. Il est honteux et navrant d'essayer d'incriminer, comme dans "L'affaire de fausse accusation de TanHua et sa mère à Shanghai", une main-aidante à des affaires de fraude judiciaire.

Bien que ma procédure de réclamation fût pleine de rebondissements, je parvins à déposer formellement une demande d'indemnisation, que les autorités responsables de l'indemnisation et que les tribunaux acceptèrent conformément à la loi chinoise. Mais au bout du compte, elles furent toutes rejetées « conformément » à cette même loi » par les autorités judiciaires locales et supérieures. Il m'apparait évident que tous se protégeaient mutuellement, violaient la loi pour négocier la paix, appliquaient la loi puis la violaient peu de temps après, et rebelote.

Ma vie personnelle fut grandement affectée par les perturbations et les entraves perpétuées par les « forces du mal » de la Chine, depuis 2017, la serrure de la porte de ma résidence à Pékin fut entravée à plusieurs reprises par des résidents « inconnus » de l'étage. Après de nombreuses plaintes, signalements à la police et protestations solennelles, le centre communautaire de Xinjiekou consentit à remplacer la serrure de la porte de mon appartement et installa une nouvelle porte. Cependant, en 2019, alors que je naviguais entre mon traitement médical à Pékin et ma première demande d'indemnisation à Guangdong, je découvris que le centre, pendant la réinstallation de la canalisation d'eau du sous-sol directement au 2e étage, avait délibérément coupé l'accès à l'eau de ma résidence. Bien que nous ayons signalé la situation à la compagnie d'approvisionnement en eau de Pékin, à la direction de XJK Communities, au gouvernement du district de Xicheng et au centre d'aide-citoyenne du gouvernement municipal de Pékin (Beijing 12345) sans relâche pendant des années, nous ne fûmes jamais en mesure d'obtenir une compensation raisonnable et jamais n'avons-nous trouvé une solution complète au problème. Mon espace de vie limité à Pékin, déjà fort limité, se réduisant de plus en plus jusqu'à s'en trouver menacé. Ainsi, au début de l'épidémie de « Covid-19 » en 2020, je commençai un long exode à travers le pays et me suis finalement exilé à l'étranger, afin de poursuivre mon traitement médical essentiel, mes opérations chirurgicales, retrouvé liberté et surtout poursuivre mon combat pour la justice jusqu'à la fin de ma vie !
Encore aujourd'hui, les l'effet de ce « scandale » se font sentir que ce soit sur moi ou mes proches. L'emprisonnement injuste dont je fus la victime et les handicaps engendrés directement par cette même injustice teinteront à jamais ma vie et celle de mon enfant. Cette enfant, encore fragile et malade, refuse de

voir son père qui se bat toujours pour elle et qui a été gravement blessé à deux reprises. Sans oublier les séquelles irréversibles qu'eut la « mélamine » sur la santé de centaines de milliers de « bébés chinois à la pierre rénale » et leurs parents à travers le pays.

# Chapitre VIII

Je me rends à Hong Kong, l'aide juridictionnelle m'a été refusée, j'écris des lettres ouvertes à Mengniu Yashily Dairy

Chapitre VIII

Pendant que ma demande d'indemnisation de l'État fut encore en traitement, je déposai une ma demande d'indemnisation civile contre COFCO Mengniu Yashily International à Hong Kong. Depuis que Yashily avait pris l'initiative de négocier une indemnisation avec ma famille en juillet 2009, il fallut huit années pour que la Haute Cour provinciale du Guangdong révise son verdict. Je crois fermement que les problèmes de santé à vie dont souffrira mon enfant, ainsi que les dommages dont souffrirent moi et ma famille doivent être compensée et que les acteurs au centre de cette « collusion entre les fonctionnaires et les entreprises » de Mengniu Yashily et les hauts fonctionnaires du PCC, » que Yashily et son acquéreur COFCO Mengniu Dairy, doivent être tenus pour responsable.

Un an après mon arrestation et mon emprisonnement dans les provinces de Pékin, du Zhejiang et du Guangdong, Yashily parvint à se coter à la bourse de Hong Kong peu après que fut conclu son rachat par Mengniu Dairy, une très grande entreprise laitière contrôlée par le groupe public COFCO, affilié au Conseil des affaires d'État de la République populaire de Chine. Il fut donc tout naturel que nous nous rendions à Hong Kong pour poursuivre notre processus de réclamation.

Une fois arrivées à Hong Kong, nous consultâmes les tribunaux ainsi que le département d'aide juridique gouvernemental pour leur exposer les problèmes juridiques et procéduraux quant à la cotation frauduleuse de Yashily, à la machination judicaire qu'ils montèrent de toute pièce contre moi et aux litiges dont je fus la victime.
Très vite, nous constatâmes qu'outre la différence des systèmes sociaux et de modes de pensée, il existait également

de grandes différences entre les lois, l'organisation institutionnelle et les procédures de dépôt de plainte entre la Chine continentale et Hong Kong.
Si nous devions compter sur nos propres moyens, il serait non seulement impossible d'y parvenir techniquement, certes le manque de ressources financières et de soutien juridique spécialisé constituait une, mais nous comprîmes également qu'il serait difficile de poursuivre judiciairement Yashily International et China Mengniu Group à Hong Kong.
Après mûre réflexion et quelques recherches, nous décidâmes tout de même de déposer une demande d'aide juridique auprès du département d'aide juridictionnelle de Hong Kong.
Pendant cette période, nous visitâmes le siège de Yashily international à Hong Kong, dans le bâtiment de COFCO, afin qu'une fois pour toutes l'entreprise Yashily et de sa filiale Scient Co soit tenu pour responsable. Après plusieurs visites, les actionnaires de Yashily, China Mengniu Co. Ltd. et COFCO, nous expulsèrent du bâtiment de COFCO. Après cela, quelques médias tels que HK Cable TV, Radio Television Hong Kong, l'Université chinoise de Hong Kong et Apple Daily, nous accordèrent une entrevue, dont l'une d'entre elles passa à l'émission « Pas de retour en arrière ». Le département de journalisme de l'Université chinoise de Hong Kong me fit également passer une entrevue sur ma campagne de défense des droits dans le cadre du programme « University Line ». Ces entrevues marquèrent presque instantanément l'opinion publique et entraînèrent des répercussions sur les deux rives du détroit de Taiwan et en Chine continentale. Les problèmes de sécurité alimentaire et les préoccupations des consommateurs qu'avait provoqué le « scandale du lait frelaté à la mélamine », son influence s'étendirent, rappelons-le, à l'international. Même le groupe chinois de renommée mondiale COFCO, Cadbury du Royaume-Uni, Kraft des

États-Unis et les anciens géants canadiens spécialisés dans la nourriture pour animaux ne purent y réchapper.
Lorsque je voyageais encore régulièrement entre le Guangzhou, Chaozhou, Jieyang, etc. pour y consulter des dossiers pour préparer ma demande d'indemnisation de l'État ou pour préparer ma demande de révision, la plus grande entreprise Internet du monde de l'époque, Tencent, publia dans sa rubrique « Vision » une entrevue avec moi. Ce programme eut des répercussions retentissantes sur la toile et près de 10 ans après que n'éclata le scandale du lait frelaté à la mélamine, l'influence qu'eut l'exemple de GuoLi, combattant solitaire dévolu à la défense de ses droits, ne s'est toujours pas estompée. Au contraire, encore aujourd'hui les questions de sécurité alimentaire en Chine, et même dans les RAS de Hong Kong et de Macao suscitent l'inquiétude et continueront d'alimenter les débats sur la place publique, et ce grâce aux entrevues répétées et aux documentaires que produisirent certains médias.
Lorsque je me suis rendu à Hong Kong pour défendre mes droits, j'essayai de réduire au maximum le coût du voyage. 3 000 kilomètres séparent Pékin de Hong Kong, et nous prenions toujours les trains « verts » les plus économiques pour nous y rendre. Une fois, j'ai pris le train Z97 (de la gare de Pékin-Ouest à la gare de Kowloon) pour me rendre à Hong Kong via Guangzhou. Vers 23h00, une heure après que les agents de bord eurent demandé aux passagers d'éteindre les lumières et de préserver le silence dans les couchettes, deux passagers hongkongais d'environ 60 ans, occupant les couchettes 15 et 16, à côté de ma couchette n°13, continuèrent, malgré les instructions, à discuter bruyamment. Ce tapage nous empêchait de dormir convenablement, alors je leur demandai poliment d'arrêter de parler, de cesser ce tapage et de ne pas déranger le repos des autres passagers. Ils me

répondirent que je ne me mêlais pas de mes affaires, qu'il m'était inutile de réitérer ma demande, et continuèrent tout bonnement à discuter. Désespéré, j'allai trouver le contrôleur, dont la cabine se trouvait à la jonction des wagons pour lui expliquer la situation. Le contrôleur m'accompagna jusqu'à la couchette des deux passagers et leur conseilla d'aller se coucher. Avant même que je ne puisse prononcer quoi que ce soit, ils me giflèrent en pleine face devant le contrôleur. À ce moment-là, je demandai au contrôleur de signaler l'incident à la police conformément aux règlements de gestion du train, mais il ignora ma demande.

Un peu plus tard, lorsque le contrôleur et la police intervinrent, ils m'informèrent que les deux voyageurs m'accusèrent de les avoir frappés et que ce témoignage fut corroboré par des témoignages écrits par plusieurs passagers du même wagon. N'était-ce pas là un pur mensonge ? Non seulement le contrôleur et le passager masculin, qui m'agressa devant ses yeux, mentir délibérément, mais contrôleur prit le parti de l'agresseur. Il devint un « bouclier protecteur » et incita les autres voyageurs à livrer de faux témoignages.

Il semblerait que le contrôleur et ses collègues ne voulait pas se mêler de cette affaire et me voyant déterminée à ce que l'on mena une enquête, s'entendirent pour persuader plus d'une dizaine de passagers à leur fournir de faux témoignages pour me mettre sous pression et m'inciter à reculer. Même tard dans la nuit, je refusais de laisser tomber et de leur donner raison. Finalement, l'un passager du wagon, indigné par tant de malhonnêteté, se dressa et leur affirma qu'en effet ce fut bien le passager masculin qui m'avait frappé, que ces deux passagers causèrent du tapage après 23h00 et ce, malgré l'avertissement qu'ils reçurent, et que non seulement l'avait-il ignoré, mais frappèrent de colère le passager Guo.

Le lendemain matin, j'informai le contrôleur et à la police que, pour des raisons d'équité, je souhaitais accéder aux enregistrements vidéo prise par les deux caméras placées aux deux extrémités des wagons avant que n'arrivât le train à la gare de Hong Kong (Kowloon). J'espérais ainsi que soit traitée cette altercation de manière impartiale et conformément à la loi.

Lorsque le train arriva à la gare de Hong Kong Kowloon, alors que tous les passagers s'apprêtèrent à descendre du train, alors que personne ne prêtait attention à mes réclamations, j'en profitai pour arrêter les deux passagers de la veille, et j'appelai à nouveau le contrôleur du Z97 et la police, leur demandant de bien vouloir m'accompagner au poste de police de la gare de Kowloon pour que je puisse déposer une plainte pour agression. À ce moment-là, je vis le passager se mettre à paniquer, sa compagne se déconfire et ils me supplièrent avec insistance les laisser partir. À ce moment-là, le policier et le contrôleur se sentirent mal à l'aide et demandèrent aux deux passagers de rédiger une « lettre d'excuses » accompagnée d'une description des circonstances et d'une signature à peine finirent-ils d'écrire leur lettre, que le train arriva à destination. Les deux passagers et tous ceux qui collaborèrent à cette petite machination s'enfuirent aussi vite qu'ils le purent et disparurent sans laisser de trace. Je connus de nombreuses situations similaires au cours de mes années de lutte, et même encore aujourd'hui, alors que j'écris ce livre en Amérique du Nord. Personne n'ignore le sentiment de déception et de tristesse qu'entraîne une injustice vécue. Je pense que cet exemple témoigne simplement de la ténacité et de la persévérance de mon caractère : lorsque je crois agir pour ce qui m'apparait juste, je m'y tiens et je vais jusqu'au bout de ma lutte.

Afin de demander une aide auprès du Département de l'Aide Juridique de Hong Kong, nous avons préparâmes en amont de nombreux documents, notamment un dossier sur notre situation financière et un plan de poursuite contre Yashily international, que nous leur avons soumis. Peu de temps après que ne fut examiné notre dossier, le Département de l'Aide Juridique de Hong Kong nous fit parvenir une lettre de refus. Dans cette réponse, ils soutinrent que nous n'étions pas qualifiés pour poursuivre Yashily International et China Mengniu Dairy Group dans la RAS de Hong Kong. Ils estimèrent qu'en tant que citoyen de la Chine continentale, que ces affaires doivent rester sous la juridiction civile et pénale de la Chine continentale et nous expliquèrent que les tribunaux de Hong Kong ne s'occupèrent que des affaires et des litiges impliquant des citoyens de Hong Kong, survenus dans la juridiction de Hong Kong.

Cependant, nous pensions qu'en tant que consommateurs lésés, nous pouvions légitimement nous engager dans une enquête et une procédure judiciaire « transrégionale » contre la société Yashily, producteur du lait pour nourrisson contaminé, ainsi que contre sa société mère, China Mengniu Dairy Company, que nous accusions de violations transrégionales et transfrontalières

Ainsi, après avoir essuyé un premier rejet, nous fîmes appel auprès de la Haute Cour de Hong Kong. Après un processus d'enquête « simple », la Haute Cour rejeta, à son tour, notre recours pour les mêmes raisons que le Département de l'Aide Juridique.

La couverture médiatique très approximative de nos revers successifs au département d'aide juridique du gouvernement de Hong Kong et à la Haute Cour suggéra au public que nous avions essayé d'intenter un procès à Yashily International et son actionnaire China Mengniu Dairy devant les tribunaux de Hong Kong. En fait, la Haute Cour de Hong Kong nous expliqua directement l'impossibilité pour moi de poursuivre « Les Forces du mal » pour contrefaçon et demande d'indemnisation.

De nombreux obstacles rendirent impossible la poursuite d'une action en justice. La Haute Cour ne fit que confirmer l'avis du Département d'aide juridique, avis selon lequel je n'étais pas qualifié pour poursuivre de telles procédures judiciaires contre Yashily Dairy à Hong Kong. Je comprends maintenant le dicton « un pays, deux systèmes », et comprit bien vite qu'ici, l'État de droit n'existait plus et que Hong Kong était devenu un PORT « moribond » (ce qui signifie un HK mort en mandarin). Il existe bien évidemment des différences majeures entre la Chine continentale et Hong Kong, qu'elles soient sociales, culturelles ou judiciaire. En outre, ils pensèrent que j'ai moi-même demandé le divorce avec mon ex-femme et que j'ai perdu la garde de l'enfant et, par-là même, que je perdais le droit de réclamer une indemnisation conformément à la juridiction Hong-Kongnaise. Ils ignorèrent que je fus contraint, en prison, de divorcer parce qu'un tribunal chinois continental me condamna à tort et que la garde effective de l'enfant ne fut pas remise à mon ex-femme. Dans ce contexte particulier, il existe des circonstances spécifiques que de nombreux praticiens du droit ne rencontrèrent jamais et dont ils ne peuvent saisir les subtilités. Lorsque le département d'aide juridique de Hong Kong et la Haute Cour conclurent tous deux que moi, tant que victime d'une infraction, je ne pouvais pas poursuivre les entreprises laitières que nous appelions les « forces du mal »

(雅士利 ou 雅势力 en mandarin) à Hong Kong, notre lutte sembla tout d'un coup désespérée.

En réalité, que ce soit à Hong Kong ou en Chine continentale, la lutte pour défendre ses droits reste semée d'embûches et de défis. Après ma sortie de prison, je me mis à planifier et mener cette démarche seul, avec l'aide, limitée par son âge, de ma mère, XIN.
En réalité, je devais m'en remettre à l'évidence.. À ce moment-là, en Chine, il y avait fort peu d'individus suffisamment qualifiés ou assez audacieux pour m'accompagner dans cette lutte judiciaire. Durant cette longue saga judiciaire, les amis qui m'apportèrent leur soutien peuvent se compter sur les doigts d'une main : deux ou trois personnes m'aidèrent à taper et à copier des documents, à organiser nos déclarations verbales et me fournir des conseils professionnels ou une assistance en comptabilité financière.
Parmi les plus dévoués, il y eut un comptable, YZ, et un ingénieur, SLZ. Tous deux m'aidèrent à calculer et à enregistrer les montants de la réclamation ainsi que toutes les données associées à la rédaction du dossier.

Les reportages, entrevues et commentaires des médias du « monde libre », en dehors de la Chine continentale, tels que l'Université chinoise de Hong Kong, Apple Daily, Australian Financial Review, Radio Free Asia et Voice of America, attirèrent l'attention de la police chinoise et même des autorités de sécurité nationale.
Mon ami comptable me raconta que depuis que les médias documentèrent notre voyage à Hong Kong, la police de Pékin se rendit à de nombreuses reprises au domicile de ses parents. Comme mon ami ne vit pas chez lui, des « inconnues » se firent passer pour des policiers et vinrent harceler les membres

de sa famille, déjà très nerveuses et de nature inquiète. Le 17 février 2019, cet ami m'appela pour m'informer qu'un policier du Bureau municipal de la sécurité publique de Pékin, surnommé Ma, soi-disant directeur d'un département quelconque, lui demanda à plusieurs reprises de le rencontrer dans un café Costa en face du Workers' Gymnasium dans le district de Dongcheng à Pékin. Dès que notre appel prit fin, je me précipitai au café. Arrivé sur place, je trouvai un coin pour m'asseoir et me plaça pour pouvoir enregistrer leur conversation en temps réel. L'atmosphère du café me parut anormalement lourde, car bien qu'il y eut beaucoup de clients ce jour-là, une vingtaine de personnes environ, et bien qu'il n'y eût là aucun groupe, l'expression faciale des clients paraissait étrangement sérieuse et étrange.

Après que mon ami fit son entrée dans le café, il fut interrogé par une équipe dirigée par un officier supérieur, un dénommé Ma de la police municipale de Pékin. Ma lui demanda en particulier : « Qu'est-ce qui ne va pas avec GuoLi ? Que fait GuoLi ? Comment va l'enfant de Guo ? » et mon ami de lui répondre : « Vous devriez poser ces questions à GuoLi lui-même, c'est sa vie privée après tout ». Pourquoi avez-vous aidé GuoLi ? » lui demande-t-il à nouveau et mon ami de lui répondre que, comme j'étais handicapé en prison, il m'était impossible de défendre seul mes droits, et que me mère XIN Hong, souffrait d'une fracture qu'elle se fit en tombant de son fauteuil roulant, elle avait donc besoin qu'on s'occupe d'elle ; tous deux sont actuellement handicapés, et en tant qu'ami, il va de soi que je les aide un peu.

Ma a alors demandé : « Qu'a fait GuoLi quand il est allé à Hong Kong ? » L'ami a répondu : « GuoLi partit défendre ses droits contre de Yashily conformément à la loi. Comme Yashily est cotée à la bourse de Hong Kong et que son siège social s'y trouve désormais, il s'est rendu à Hong Kong pour y mener ses démarches. » Ma lui demanda son adresse ainsi que celle de son lieu de travail. À ce moment-là, mon ami se sentit menacé. Entre-temps, il demanda à Ma et son l'équipe de ne pas harceler leurs familles à Pékin à l'avenir, et de s'adresser directement à lui s'ils désiraient quelque chose. Vers la fin de la conversation, le chef Ma a ajouté : Utilise donc ton intelligence pour ne pas enfreindre la loi. Certes, GuoLi est ton ami, mais tu n'as pas à prendre davantage de risques, ne cherche pas les ennuis ou les problèmes (« ZhanBaoEr » signifie avoir de gros ennuis en dialecte pékinois), tu as des personnes âgées à la maison... ».

Une demi-heure plus tard prenait fin la conversation entre le chef Ma et mon ami. Alors qu'ils venaient à peine de franchir la porte du café, quelqu'un se précipita à l'extérieur pour leur signaler qu'il m'avait vu les prendre en photo dans le café. Soudain, Ma et les trois autres policiers revinrent sur leurs pas, jetèrent un coup d'œil et me virent assis-là, dans un coin du café. Ma s'approcha de moi, s'assit et me demanda : « Êtes-vous GuoLi ? Pourquoi êtes-vous ici ? ». Et moi de leur répondre : « pourquoi ne pourrais-je pas être ici ? ». « Pouvons-nous parler ? » me demande-t-il, ce que j'acceptai. Dès que ses assistants virent la canne que je portais avec moi, ils tentèrent immédiatement de me l'enlever. Immédiatement, je me mis à leur crier qu'il n'avait pas le droit d'y toucher, qu'il ne pouvait pas la prendre, qu'il s'agissait-là de ma canne de marche.
Puis l'un des policiers vint me voir et me dit : « Vous pourriez nous attaquer avec une canne », ce à quoi je lui répondis que j'avais une fracture et des lésions à la colonne vertébrale, que je me déplaçai depuis avec une canne ; « pourquoi vous attaquerais-je avec une canne de marche ? Tous prirent place, et Ma me demanda : « Que faites-vous donc ? ». Très vite, je

savais que Ma ne savait que fort peu de chose sur mon cas. Je pris le temps de lui brosser un portrait général du scandale et des circonstances de ma propre affaire. J'ai pensé qu'ils n'attendaient plus que la fin de mon histoire pour m'emmener au poste de police. Il prit le temps d'écouter jusqu'au bout, et annonça : « D'accord, arrêtons-nous pour aujourd'hui, que tout le monde se retire ! » et plus de 20 personnes présentes dans le café se levèrent simultanément et quittèrent le Costa café.

Mon intuition s'avéra donc bien fondée. Ces 20 agents en civil furent des leurs appartenaient aux départements du Dongcheng, Xicheng, Chaoyang et au quartier général de la police de la ville de Pékin. Comme mon ami habitait dans le district de Xicheng, que son lieu de travail se trouve dans le district de Chaoyang et que sa famille vit dans le district de Dongcheng, le chef de la police Ma déclara pendant l'entretien : « C'est vraiment gênant.. et nous avons dû coopérer avec la police de trois districts avant de pouvoir vous rencontrer ici ».
Lorsque je mentionne ces épisodes dans le cadre de mon processus de défense et de la lutte pour mes droits, je ne souhaite pas seulement montrer à quel point ces aléas juridiques furent semés d'embûche et fort stimulants ; mais aussi que dans cette histoire de renversement judiciaire et de défense, je reçus l'aide de certains amis et de certains départements. Je pense que je ne soulignerais jamais assez l'étendue des dégâts qu'eut le scandale de la « mélamine » sur la sécurité alimentaire de notre pays (et ce, même à l'international) et sur l'environnement des consommateurs ! C'est pourquoi je pense qu'il faille persévérer dans la lutte, si l'on souhaite un jour améliorer la sécurité alimentaire en Chine et dans le monde, mais également si l'on veut parvenir à réformer le système judiciaire du pays.

# Chapitre VIII

Malgré le refus émis par le département d'aide juridique et la Haute Cour de Hong Kong de ma demande de procès contre Yashily International, China Mengniu Group et son ancien président Zhang Lidian, je n'abandonnai pas pour autant. Depuis 2018, je n'ai cessé de publier des « Lettre ouverte à Yashily International » et continuerai à dénoncer leur crime partout en Chine, dans la RAS de Hong Kong et en Amérique du Nord.

Pour parvenir à soumettre ma lettre ouverte, nous nous rendîmes à plusieurs reprises au siège de Yashily International à Guangzhou. L'un des orchestrateurs au centre de cette affaire inique, fausse et abusive fut l'ancien président du groupe Yashily International à Guangdong et Hong Kong Zhang Litian, également délégué à l'Assemblée populaire nationale chinoise. Une fois que le Congrès populaire provincial du Guangdong nous permet de signaler l'affaire au Congrès national du peuple à Pékin, nous nous adressèrent à la section d'enquête criminelle du Département de la sécurité publique de la province du Guangdong pour signaler la nature criminelle des fausses accusations et des machinations juridiques de Zhang, Wu et de leurs acolytes, avec l'espoir qu'enfin nous parvenions à régler nos comptes avec eux. Nous prîmes la peine de signaler également l'affaire au Bureau de la sécurité publique de Chaozhou, où l'incident se produisit.

Toutefois, au cours du processus d'accusation, pour une raison obscure, dès qu'il s'agissait de mettre en évidence la responsabilité du groupe Yashily International dans des violations de la loi, certains départements continuèrent à protéger Zhang Litian et Wu Xiaonan, membres des « forces Yashily » (« forces du mal » en mandarin) et s'entêtèrent à les disculper de leur responsabilité pénale.

Jusqu'à présent, les fausses accusations portées contre moi et les machinations montées de toute pièce par Zhang et son groupe et dont je fus la victime ne firent l'objet d'aucune enquête ni d'aucun questionnement. Dans cette affaire d'« extorsion », plusieurs policiers, procureurs, juges, gardiens de prison et de nombreux responsables des autorités chargées du dossier furent impliqués, et presque tous furent traduits en justice, mais la localisation actuelle de Zhang reste encore un mystère.

En plus de soumettre mes lettres ouvertes à Yashily International, au groupe China Mengniu et à la Haute Cour de Hong Kong, je transmis également des documents compromettants à la Commission des valeurs mobilières et des contrats à terme de Hong Kong pour dénoncer et signaler l'entrée en bourse frauduleuse de Yashily International et dénoncer l'escroquerie envers les actionnaires dans la RAS de Hong Kong. Mais la Commission des valeurs mobilières et des contrats à terme de Hong Kong ignora tout simplement ces signalements.

## Un secret de l'évolution de Yashily en Chine. L'ambition de mondialisation de l'industrie laitière

Au cours des seize dernières années, je me suis juré de renverser ce verdict inique, d'obtenir une indemnisation complète et de protéger mes droits jusqu'au bout. Cependant, l'ensemble de ce processus fut semé d'embûches et de dangers, ce que peine à comprendre certains membres de ma famille. Je pense qu'ils se sentent fatigués et pensent que préparer autant de documents et envoyer autant de lettres ne sert à rien ! Parmi tous les commentaires laissés par les internautes ou « WangYou » sous les articles de presse à mon sujet, la plupart d'entre eux expriment avec respect leur admiration pour ma persévérance dans la lutte, mais quelques WangYou commentèrent avec ironie mon approche. Par exemple, ce message, laissé sous l'un des anciens articles du Hong Kong Apple Daily à mon sujet : GuoLi, tu es un continental (de Pékin en Chine), et tu t'es retrouvé à Hong Kong pour défendre tes droits. Est-ce parce que Hong Kong vous indemnisera davantage ? ». Certaines personnes défendent une vision de la lutte trop pragmatique, et ces idées ne s'accordent que trop mal avec ma propre conception de la défense et de la lutte pour ses droits.

Je crois que l'énergie, les ressources financières et l'enthousiasme des gens ordinaires se seraient depuis longtemps épuisés à ce stade de la lutte. Certes, je compte persévérai dans la lutte tant que mes droits et ceux de ma fille n'auront pas été reconnus et respectés, mais j'espère vraiment ne pas devoir lutter jusqu'à ma trente xième année pour y parvenir.

## 【N'en parlez pas】 2009-2024

L'Affaire d'Indemnisation de Guo Li – « Seize ans de guerre et de résistance » jonchés de défaites et des batailles incessantes

« Même si les organismes chargés de l'application de la loi, comme le ministère de la Sécurité publique et la Justice, ne respectent pas la loi,

je continuerai à mener ma lutte judiciaire, conformément à la loi. »

Tout comme gravir l'Everest,
Que ce soit le versant nord, dont l'ascension met à l'épreuve sa force physique
Que ce soit le versant sud, dont l'ascension, plus technique,

est sans difficulté ni facilité absolue.
L'objectif ultime est de le conquérir !
Une fois l'arc bandé, on ne peut revenir en arrière,
Peu importe les difficultés, peu importe la profondeur, du désespoir, il faut persévérer.
Plus d'une dizaine de départements, plus de 20 jugements
Soumis « conformément à la loi », vaille que vaille
Les « espérances » sans cessent déçues,
puisque que vous attendent les « Non accepté », « Manque de fondement factuel »,
« Ne relève pas du champ d'application de l'indemnisation de l'État », « Pas d'indemnisation »,
« Rejeté », « Classé sans suite », « Maintenu conformément à la loi… »
« Juridiquement parlant,
Si le système judiciaire accuse à tort un individu,
Et qu'on le reconnaisse ensuite innocent,
ce même système ne devrait-il pas prendre l'initiative de l'indemniser. »
Avant que La Haute Cour du Guangdong ne déclare que Guo Li fut innocent.
Seize ans passèrent,
et aucune excuse ne fut prononcée pour les préjudices subis en la prison.
Aucune restitution judiciaire des biens saisis illégalement à mon domicile.
Aucun processus judiciaire pour que ne soit tenue une confrontation en audience.
La notification d'ouverture du dossier presque perdue par négligence
Des témoins, des amis menacés les uns après les autres.
Certains dossiers simplement annulés et d'autres dont le

délai de prescription de deux ans fut dépassé.
Tout a été vidé, effacé !
Ce qu'on ne pourra jamais effacer, ce sont les préjudices subis par Guo Li.
Quant aux causes de mon handicap
Le Tribunal intermédiaire du peuple de Chaozhou a déclaré :
« Bien que nous ayons rendu un mauvais jugement,
Jamais n'avons-nous ordonné à la police ou aux agents correctionnels de vous lyncher jusqu'à l'invalidité. »
« Ceux qui vous ont blessé, ceux qui vous causèrent du tort, ce sont ceux-là que vous devriez poursuivre. »
La Haute Cour du Guangdong considère que « d'autres voies légales peuvent être empruntées pour résoudre cette demande d'indemnisation. »
À l'époque, pourquoi n'avoir jamais soulevé l'existence du délai de prescription dépassant deux ans !
Pour "prouver" que mon handicap ne put être causé par mon séjour en prison,
Ils affirmèrent que j'ai participé, avec les autres prisonniers, au travail pénitentiaire.
Mais pour "prouver" que je m'obstinais dans ma lutte et que pour cela ma peine n'en fut pas réduite,
Ils produisent un certificat sur lequel l'on mentionnait bien que je n'ai jamais participé au travail forcé.
Ils se contredisent eux-mêmes.
« Ils répètent tous qu'il s'agit là d'anciennes blessures, déjà présentes avant même mon arrivée en prison ».
Et pourtant, mes documents médicaux furent falsifiés à l'intérieur du système pénitentiaire.
Cela ne tient absolument pas la route.
Questions :
Dans le même pays, dans la même province,
Des affaires d'indemnisation semblables à la mienne,

Menèrent à des jugements différents.
C'est d'une absurdité ! On ne trouve cela nulle part ailleurs.
Pourquoi la perquisition illégale d'échantillons de lait frelaté
et d'objets de valeur que menèrent les policiers
conduisit à l'obtention d'une indemnisation partielle ?
Un jugement est valide, une autre fois, ne l'est pas ;
Une même affaire mène à des décisions opposées,
Quelle en est la raison ? Sur quelle base se fonde-t-elle ?
J'ai demandé à la prison de m'indemniser pour les préjudices corporels subis,
et pour tous les handicaps mentaux permanents que provoquèrent des violations répétées,
Après l'enregistrement du dossier par le tribunal local,
l'affaire fut « précipitamment classée »,
Puis annulée..?
Mais jamais n'a-t-on pris la peine de clarifier chaque affaire,
sans trancher et sans donner l'indemnisation DUE ?
Et même la requête la plus simple :
Présenter des excuses publiques à la victime, conformément à la loi.
Toutes leurs violations furent exemptées par la « loi » ?
Quel fut leur véritable objectif ?
Instrumentaliser « le retrait précipité » de dossiers
légalement enregistrés à d'autres fins !
Et tenter de cacher la vérité.
Quel complot se cache derrière tout cela ?
"Ne prenez pas d'avocat, défendez-vous seul."
Huit ans de « de résistance » avant qu'on ne me versât mon indemnisation d'État,
Traversant des difficultés et des défis inimaginables,
Avec une canne, se trainant dans un fauteuil roulant,
Accompagné de ma mère âgée, malade,
Des dossiers volumineux à la main,

Médicamentés pour ces nombreuses maladies chroniques,
Toujours à bord du train le plus lent, le train vert,
Répétant des allers-retours des dizaines de fois entre Pékin, le Guangdong et Hong Kong,
En hiver comme en été,
Comme pris dans un cycle d'attente et de déception…
Avancer vaille que vaille pour le reste de ma vie,
Enfin, le dossier fut soumis au Parquet suprême,
Les questions de l'(absence d')indemnisation de l'État y furent soulevées…
Supervision du parquet, dépôt de dossiers, responsabilisation et protestations…
La justice… ?
Toujours la même distance entre "ce qui est dit" et "ce qui est (ou n'est pas) fait"
Cette distance, ne fait-elle que s'éloigner petit à petit ?
Attendons et voyons !

# Chapitre IX

## Les aventures de Guo en exil pour la défense de ses droits à l'étranger

# Chapitre IX

Début février 2020, à l'invitation de M. Rr.Z de l'école de commerce de l'université de l'Alberta, je me suis rendu de Washington, aux États-Unis, en Colombie-Britannique, au Canada, puis j'ai pris un train longue distance, et voyageai pendant 2 jours et 2 nuits pour enfin arriver à Edmonton, la capitale de l'Alberta. À cette époque, je commençai à voyager et à planifier une série d'entretiens sur le thème « Le scandale du lait frelaté à la mélamine et le nouveau coronavirus ».

À cette époque, l'épidémie de coronavirus fit rage en Chine, mais la présence du virus à l'étranger restait relativement négligeable. J'avais prévu de rester deux semaines au Canada. Après mon arrivée à l'université de l'Alberta, M. Rr.Z et le professeur nominé pour le prix Nobel d'économie souhaitèrent me rencontrer, même si l'âge de la retraite approchait pour eux. Nous prîmes ensemble rendez-vous, mais lorsqu'ils apprirent que j'arrivais tout droit d'Hong Kong, ils annulèrent la réunion afin d'éviter les risques d'une potentielle propagation du virus. Au cours des deux semaines suivantes, j'animai plusieurs conférences sur le thème du « lait frelaté à la mélamine et du nouveau coronavirus ». Alors que ma visite à l'Université de l'Alberta tirait à sa fin, nous apprîmes que la frontière entre les États-Unis et le Canada se trouverait fermée pour une période indéterminée. Comme l'épidémie prenait de l'ampleur et que les frontières se fermaient progressivement, je me retrouvai coincé en Alberta. Résigné, j'attendis de voir comment évoluerait la situation globale. Pendant la pandémie, je vivais une vie d'une extrême simplicité et l'instabilité du contexte sanitaire m'empêcha d'organiser la suite de mon voyage. Quelque temps après mon arrivée, j'appris que le professeur émérite que je n'avais pu rencontrer fut hospitalisé après avoir contracté le nouveau coronavirus et que sa vie fut en danger.

Contraint de rester en Alberta, m'organiser un budget pour la nourriture, les vêtements, le logement et le transport devinrent pour moi une priorité absolue. La frontière entre les États-Unis et le Canada fut fermée précipitamment et nul ne savait à quel moment elle rouvrirait aux voyageurs. Je me rendis chez une agence immobilière à la recherche d'un logement abordable.

Par pur hasard, mon premier propriétaire, Lao Zhang, fut un investisseur de Tianjin en Chine, et migra au Canada il y a plus de dix ans. La femme de Zhang, Xiao Du, étudia à l'université de Waterloo. Ils eurent ensemble deux enfants au Canada. Le propriétaire Zhang louait une très vieille maison sur deux étages, dans laquelle l'on compta cinq chambres. Peu de temps après son acquisition, ils la décorèrent et la transformèrent en logement AirBNB pour arrondir leur fin de mois. Au sous-sol de la maison, habitait dans une chambre un jeune Canadien, informaticien de profession. D'une constitution vigoureuse, le jeune homme mesurait plus d'un mètre quatre-vingt-dix. De ce que je pus comprendre, sa situation financière fut très bonne puisqu'il me dit un jour que son travail lui rapportait mensuellement plusieurs dizaines de milliers de dollars canadiens. La seconde chambre du sous-sol fut occupée par une jeune canadienne de la région et propriétaire d'un chien nommé Nelly. Quant à moi, je vivais dans la chambre principale, au premier étage de la maison. Les allers venus nocturnes continuels de la jeune locataire finirent par m'intriguer et, un jour, elle m'expliqua que son entreprise lui imposait des quarts d'heure de nuit. Après quelque temps, elle nous demanda de l'aider à prendre soin de son chien Nelly et de le nourrir en son absence. Au fil du temps, nous devinrent comme une petite famille !

Au bout d'un certain temps, je constatai que la fille et le jeune homme se tenaient souvent ensemble, sortait le chien ensemble, etc. Bref, qu'ils semblaient bien s'entendre. Il s'est avéré que... eh bien, ils étaient simplement tombés amoureux l'un de l'autre. Un jour, j'entendis quelque chose d'étrange au sous-sol. Au bout d'un moment, je décidai de descendre pour y jeter un coup d'oeil. Oh..., ce fut le jeune homme, assis à même le sol, au bas de la porte, en train de pleurer à chaude l'arme. Je lui demandai pourquoi il pleurait ainsi. Il me dit que tout avait disparu, y compris son portefeuille, ses clés et sa voiture, garée normalement à l'extérieur. Une journée entière s'écoula avant qu'il ne se réveillât, totalement démuni. Son père, dont je fis la connaissance quelque temps après l'incident, nous expliqua qu'il fut transféré dans un hôpital voisin pour sept jours de traitement. Lorsque le jeune homme partit pour l'hôpital, je redescendis dans le sous-sol et constatai que le cadenas à l'extérieur de sa chambre n'était toujours pas verrouillé, et décidai de le verrouiller pour lui. Entre-temps, la locataire revint avec sa voiture, accompagnée d'un autre homme. L'homme s'approcha de la maison avec l'intention, me semble-t-il, de sortir quelque chose de la maison.

Comme le propriétaire Zhang se trouvait sur les lieux, j'allai le voir et tenta de lui expliquer qu'un individu suspect sortait quelque chose de chez lui et lui demandai s'il comptait appeler la police. De manière inattendue, Zhang me dit, irrité : « Ne fais pas ça et occupe-toi de tes affaires ! Deux jours plus tard, le père du jeune homme revint en ville et nous l'aidâmes à déverrouiller la chambre de son fils. À ce moment-là, son père me remercia, m'expliquant qu'on avait drogué son fils et qu'on en profita pour subtiliser ses biens, mais heureusement, j'avais verrouillé la porte de sa chambre à temps. Autrement, la fille et son acolyte auraient assurément subtilisé son l'ordinateur de travail de son fils et tous ses objets de valeurs. À ce moment-là, notre propriétaire Zhang descendit pour jeter un coup d'œil. Il constata avec dépit qu'on avait pillé son mobilier et volé sa la literie. Les couettes et les couvre-lits destinés aux invités avaient tous disparu. Zhang regretta amèrement de ne pas avoir signalé le cas plus tôt. Ainsi, nous contactâmes la police, et la GRC vint à notre rencontre, nous expliqua que ce gang criminel agissait depuis longtemps déjà et que nous devions prendre plus de précautions à l'avenir. Ils nous demandèrent d'appeler la police sans tarder si nous assistons encore à ce genre de scène. Plus tard, j'appris que la voiture du jeune homme fut retrouvée à des centaines de kilomètres de la ville d'Edmonton. En bref, après avoir commis le crime, la jeune fille et les membres du gang abandonnèrent le véhicule dans les bois d'une banlieue éloignée. (Photo 39)

En plus d'être timide et d'avoir un tempérament craintif, Zhang est avare, et veut toujours maximiser son profit. Afin d'augmenter le loyer, il choisit essentiellement des clients à court terme (30 jours en moyenne). Après cette période de location, il ne renouvelait pas le bail bien que le ministère du Logement et du Développement social mît en place des mesures de protection juridique et des politiques strictes selon lesquelles le propriétaire ne peut expulser ou évincer un locataire légal sans un jugement RTB. Comme nous sommes tous les deux d'origine chinoise, je pus aisément me familiariser avec Zhang et sa femme Du. Un jour, il m'expliqua que, par le passé, des locataires refusèrent de quitter son logement et que l'une des méthodes qu'il avait employées pour les évincer consistait à introduire un gaz toxique dans le système de chauffage. À cette époque, je louais sa chambre depuis plus d'un mois déjà et crus qu'il me menaçait et souhaitait secrètement me voir déguerpir.
Je compris que ce ne fut pas là son intention et, plus tard, il me demanda souvent conseil. Un jour, Zhang me dit qu'il

désirait investir en immobilier dans la région pittoresque de Banff, et me demanda mon avis sur cette affaire.
Je lui dis qu'en fonction de la propagation de l'épidémie et de la situation économique mondiale actuelle, il n'était pas recommandé d'investir en immobilier et qu'il fut pour lui préférable d'attendre trois ans avant de prendre une décision... Cette fois, il aurait dû suivre mon conseil et éviter les risques. Peut-être aurait-il pu ainsi éviter les pertes causées par l'énorme creux touristique causé par trois années de crise et de récession.
Afin de faciliter les échanges universitaires et de réduire le coût de la vie, je quittai le logement de Zhang peu après. Je parvins à trouver Une chambre dans un quartier, près de l'Université de l'Alberta. Par coïncidence, le propriétaire fut également chinois et s'appelait Xiao Tan, un étudiant international originaire de la ville de Jiujiang, dans la province chinoise du Jiangxi, diplômé de l'Université de l'Alberta. Tan vient d'une famille aisée et sa propriété canadienne lui fut offerte par sa mère lorsqu'il était encore jeune. Tan emménagea dans sa maison, et décida de louer les chambres inoccupées pour gagner de l'argent. Parmi les locataires se trouvait un étudiant international chinois, surnommé Master Rabbit, et qui louait la chambre la plus chère de la maison, soit 1 500 dollars canadiens par mois. En plein cœur de la pandémie, je remarquai que les deux jeunes hommes, Xiao Tan et Master Rabbit, ne prenaient pas leurs études très au sérieux et qu'ils n'arrivaient pas à communiquer couramment en anglais. Ils ne semblaient s'adonner qu'à leurs jeux, sans même se soucier d'apprendre ni d'étudier.
Il me suffit de discuter un peu avec eux pour comprendre qu'ils ne se soucièrent que fort peu de leur réussite académique ; bien que l'Université de l'Alberta soit classée parmi les 100 meilleures universités du monde, beaucoup de

ces étudiants internationaux réussirent l'examen d'entrée en engageant « un tueur à gages ». Une fois, moi et Master Rabbit eûmes un petit accrochage, car il faisait du tapage dans la maison, et mon aimable rappel n'eut aucun effet sur son comportement. Après ce petit accrochage, le propriétaire Tan vint me voir et me demanda de partir immédiatement avec un remboursement de caution. Vraiment, je ne comprenais pas pourquoi il m'exhortait de partir comme ça, sans motif apparent. J'appris que Master Rabbit lui annonça qu'il ne s'entendait pas avec moi et ne désirait pas que je continuasse à vivre ici. Je rappelai au propriétaire Tan les règlements de location et lui dis : « Tan, TU es le propriétaire, ce n'est pas parce qu'un locataire te paie davantage qu'il a le dernier mot. Si tu me forces à quitter ce logement de manière déraisonnable, tu ne resteras pas au Canada bien longtemps ». Tan comprit que, bien je me montrais raisonnable et modeste, mon attitude était ferme, et jamais ne m'en a-t-il reparlé. Quant à Master Rabbit, lui aussi, n'évoqua plus jamais cet accrochage.

À cette époque, je vivais au premier étage d'un garage en mezzanine, et j'entendais souvent des bruits de pas à l'étage et sous moi des voix étrangères. J'avais l'impression que de grands groupes s'y rassemblèrent pour festoyer ou quelque chose comme ça. Curieux, je décidai de descendre pour y jeter un coup d'œil, et découvris que le grand salon fut aménagé en une salle de conférence. L'on pouvait d'ailleurs distinguer les traces d'une réunion et des logos sur les murs. Il me suffit d'une recherche sur internet pour découvrir qu'il s'agissait là d'un centre de diffusion de la Ligue de la jeunesse communiste, affiliée au Département du travail du Front uni de Chine, qui tenait des réunions à l'étranger (Figure 40). Après avoir loué une chambre dans la maison de Tan pendant six mois, la suite du cycle de conférences à l'Université de l'Alberta et le confinement prirent fin. Huit mois, j'avais prévu

de rendre visite à Xiao Gao, un autre ami du Zhejiang, installé à Gatineau, au Québec, mais en raison de certains "imprévus" qu'il a rencontrés, je fus contraint de prendre un train pour Ottawa, capitale nationale du Canada, et prochaine étape de mon voyage à "aveugle", entamé en pleine pandémie.
Quatre mois après mon arrivée dans la capitale (Ottawa), le quatrième propriétaire que je rencontrai s'appelait Lao Zhou. 20 ans plus tôt, il quitta Hunan, en Chine, pour immigrer au Canada. Il travaillait pour une société publique spécialisée dans le commerce de machines et d'équipements, installés à Pékin. Comme Zhou avait travaillé dans le commerce extérieur, lui et sa famille choisirent de s'installer à Ottawa, après s'être informés sur les conditions de vie dans quelques pays démocratiques industrialisés. Zhou m'expliqua qu'il possédait quatre propriétés de taille moyenne dans la région d'Ottawa ; je lui louai un salon rénové dans l'une de ses propriétés. La maison se divisait en trois étages, avec trois chambres au sous-sol, deux chambres au rez-de-chaussée et quatre chambres au deuxième étage. J'habitais au rez-de-chaussée, dans la chambre la plus abordable de sa demeure.

Zhou très enthousiaste de retrouver un compatriote dans un pays étranger me proposa d'emménager une semaine à l'avance, alors que notre contrat de location ne devait prendre effet que le premier jour du mois. « Tu peux emménager quelques jours à l'avance, GUO », me dit-il gaiement. Je ne désirais pas tirer avantage du propriétaire Zhou, d'autant plus que nous avions déjà signé un contrat. Pour ces raisons, je refusai poliment son invitation. La fin du mois approchait, je fis mes valises et m'apprêtais à emménager dans ma nouvelle chambre, le premier jour du mois comme nous l'avions convenu. Tandis que notre camion de déménagement s'approchait de la maison de Zhou, je voyais au loin des traces de brûlure à l'intérieur et à l'extérieur de la maison, de l'eau boueuse s'échappait de la cour, des ordures et des meubles s'entassèrent devant la porte principale, et plusieurs ouvriers s'affairèrent autour de la demeure. Lorsque Zhou me vit arriver, il avait les larmes aux yeux, me balbutia en mandarin, avec son accent du Hunan, que la propriété prit accidentellement feu la veille. L'incendie débuta dans la salle de lecture, juste en face de la pièce que j'avais louée.

Plus tard, Zhou m'avoua que si j'avais emménagé plus tôt, il y a quelques jours, l'incendie ne se serait fort probablement pas propagé de la sorte. Comme un signe du malheur à venir, Xiao Liu, le chauffeur du camion de déménagement, me déclara qu'avant de venir me chercher, il écoutait une chanson pop, intitulée « A Fire in Winter », interprétée par un chanteur sino-américain, Fei Xiang. On me raconta que l'incendie fut provoqué par une chandelle, que sa locataire, installée dans la salle de lecture au premier étage, avait allumée pour souligner une fête. Elle s'endormit accidentellement et la bougie, qu'elle oublia d'éteindre, finit par enflammer des vêtements.

Il fallut un certain temps avant que le trois autres locataires, installées au deuxième étage, parmi lesquels l'on trouvait un étudiant chinois, un étudiant vietnamien et un livreur égyptien comprirent que la maison prenait en feu. Bien que l'alarme se mit en marche dans le salon et bien qu'une légère odeur inhabituelle se répandait dans l'air, ils se contentèrent de descendre à tour de rôle pour jeter un bref coup d'œil. Ils pensèrent tous qu'il s'agissait-là d'un simple dysfonctionnement du détecteur de fumée, comme cela se produisait régulièrement faut-il croire ; environ quinze minutes plus tard, alors que le feu à l'étage inférieur devint incontrôlable et prenait de plus en plus d'ampleur, ils virent enfin la fumée s'élever et les flammes monter, et tentèrent de fuir aussitôt. Ils prévenir les autorités du 911, et les pompiers se précipitèrent au secours de la locataire, encore prisonnière de sa chambre, et lui sauvèrent la vie. Les locataires du dessus aussi se trouvèrent en état de panique. L'étudiant chinois m'avoua plus yard, qu'il faillit sauter du deuxième étage pour s'échapper ! Cependant, il estima qu'une telle chute le blesserait gravement et trouva un moyen de s'échapper avec l'aide de Sami, le chauffeur égyptien. Tous deux mirent leur force en commun pour défoncer la porte et s'enfuir par les escaliers du deuxième étage jusqu'à la cour avant, complètement enfumée.

Nous demandâmes à Zhou s'il comptait signaler l'incident à sa compagnie d'assurance. Étrangement, Zhou insista à plusieurs reprises pour que nous gardions le silence sur cette affaire, et nous expliqua qu'il ne souhaitait pas déclarer quoi que ce soit à ses assurances. Il ne voulait pas que cet évènement s'ébruite, de peur que cela n'affecte la valeur de sa maison et n'entraîne des problèmes auxiliaires. Il nous a également dit que s'il déposait une demande d'indemnisation, les primes d'assurance augmenteraient, ce qu'il souhaita éviter. Après l'incendie, Zhou se mit à expulser la plupart de ses locataires, « conformément à la loi ». La salle de lecture, qu'il louait en tant que chambre, ne se conformait pas aux lois canadiennes sur la location résidentielle et ne remplissait pas leurs exigences. Après l'expulsion de ses locataires, Zhou adopta d'autres mesures illégales, couramment employées par certains propriétaires sino-canadiens. Il tenta de dissimuler les traces d'incendie de sa propriété, continua à louer illégalement ces chambres et passa sous silence cet évènement au gouvernement municipal local et à son service de location de logements. Finalement, Zhou n'eut d'autre choix que de s'en remettre à des agents immobiliers pour mettre sa maison en vente. Même si le prix avait été réduit, il était difficile de la vendre « selon ses propres souhaits ».

Certains propriétaires sino-canadiens, du moins ceux dont je fis la connaissance durant mon exil, s'installèrent au Canada assez jeune, du moins, dès que leurs économies leur permirent d'emménager. Ces expatriés chinois choisissent de migrer vers les démocraties occidentales surtout parce qu'il y règne une forme d'économie libérale et parce qu'on y respecte les droits de la propriété privée et la liberté d'expression, bien que certains comportements, coutumes ou encore certaines habitudes qu'ils apportent avec eux s'avèrent parfois incompatibles avec ceux de leur nouvel environnement. En même temps, ils contribuent consciemment ou inconsciemment à transformer ce même environnement. Bien sûr, ils restent toujours très préoccupés par la politique intérieure et la situation sociale en Chine. D'ailleurs, Zhou me posait souvent des questions et nous discutions souvent de la Chine. Toutefois, ils amènent avec eux certains de leurs problèmes et certaines de leurs préoccupations d'ordre spirituel qu'ils développèrent en Chine jusqu'ici, en Occident. Un an plus tard, afin de faciliter l'accès aux traitements médicaux et aux opérations chirurgicales, je me suis rendu dans une ville appelée Vancouver, en Colombie-Britannique, sur la côte ouest du Canada. Par hasard, j'y rencontrai un ancien investisseur laitier de la Chine continentale. Celui-ci m'expliqua qu'il avait traité par le passé avec Niu Gensheng, le fondateur du groupe laitier chinois Mengniu. Il me demanda si je voulais bien me rendre à l'entrée d'un manoir que Niu Gensheng possédait à Vancouver pour y diffuser une émission en direct, invitation que je déclinai poliment. China Mengniu Dairy Group est l'une des plus grandes entreprises laitières au monde et appartient à COFCO, lui-même sous l'égide du

Conseil des affaires d'État de Chine. Il semblerait que le fondateur de l'entreprise, Niu Gensheng, vit actuellement à Vancouver et serait devenu citoyen canadien, et qu'il parraine régulièrement des activités politiques diverses et variées et investit dans des fonds privés.

Ce genre de pratique « hypocrite », nuire aux consommateurs, chinois en l'occurrence, uniquement pour augmenter leur profit (谋财害命 en mandarin), me dégoute viscéralement. Ce genre d'individu s'attire ensuite, par tous les moyens possibles, les faveurs de la communauté internationale ou celles du pays d'accueil ! Ils acquièrent de l'argent sale dans leur pays d'origine puis transfèrent leurs actifs à l'étranger. Ils s'amusent à récolter « la renommée et les louages ». Mais les victimes de ces exploiteurs ne connaissent que trop bien leur véritable intention, qu'ils ne peuvent que désapprouver. Vraiment, prendre rendez-vous pour régler mes « règlements » avec Niu ?

Ma foi, ce n'est rien d'autre que la lutte qui me mena à réclamer 40 millions de dollars américains au groupe laitier Mengniu (Yashily International) en indemnité. Peut-être que les fondateurs du groupe laitier chinois Mengniu mènent-ils une « enquête » sur mes projets d'écriture ou de publication au Canada.

Après plusieurs années de voyages et d'aventures à l'étranger, je n'ai ni cherché à changer de nationalité par intérêt ni profité des soins médicaux gratuits des pays occidentaux, dont bénéficient certains immigrants politiques. En réalité, de telles actions ne s'accordent absolument pas avec ma personnalité et les principes que je défends. Devant la tentation ou les difficultés de la vie, la grande majorité des gens choisissent, de leur plein gré ou sous la contrainte, le compromis ou l'opportunisme. C'est à ces moments de faiblesse qu'apparaissent les différences fondamentales entre les individus et que se manifeste leur véritable nature. C'est parce que j'accorde ma vie sur ces principes que je continue à mener mon combat, toujours ferme et indépendant, que je continue, inébranlable, à mener ma lutte judiciaire et, que je me refuse d'abandonner.

# Chapitre IX

# Chapitre X

### Note d'un spectateur
### Humanité*Faire le bien---Un voyage hivernal en 2023

Le « Canada Sightseeing Train », célèbre dans le monde entier, est quelque chose que les gens d'ici ont toujours désiré. Quatre d'entre nous formèrent accidentellement un groupe et nous partîmes pour un voyage touristique hivernal. Notre groupe se compose de quatre membres, dont la sœur Dong, enthousiaste et joyeuse, le mentor Guo, qui maîtrise l'anglais, Y. Zhang, honnête et sérieux, et moi, qui ne me retrouva jamais seul.
Partis de la gare Vancouver Pacific Center à 15 h le 24 février 2023, nous sommes arrivés à 14 h. Bien que ce groupe fût formé par le hasard, nous sommes tous des individus ponctuels et dignes de confiance. Dans le hall de la gare, la plupart des personnes que je vois attendre sont des personnes âgées. Parce que le voyage en train s'étend sur plus de 19 heures, je crois que certains passagers sont intimidés à ce sujet. Qu'importe ! c'est le début d'une vie au ralenti.
En regardant les passagers qui attendent dans la zone d'embarquement, je vois quelques visages asiatiques familiers. Ils doivent être Canadiens, une famille de six personnes, des parents accompagnés de leurs quatre enfants. Parce qu'ils sont vêtus d'une façon si particulière, ils attirent encore l'attention. Le père portait un survêtement blanc et la mère, quant à elle, portait un manteau rouge vif et tenait un enfant d'un an dans ses bras. Ce que je n'ai pas compris, c'est qu'il y avait trois enfants qui l'accompagnaient, elles. Et les parents semblaient très soucieux de porter des masques médicaux, surtout le père, lui portaient le « très effrayant » N95.
À ce moment-là, j'avais des doutes sur lui, mais je le reconnaissais quand même. J'avais l'impression qu'il émanait de lui une certaine intégrité morale, mais nous ne le portions plus à Vancouver.
Le service ferroviaire au Canada est très bon. Grâce à la prévoyance de Guo, nous avions réservé nos places à l'avance par Tina. Le wagon est très propre et spacieux. Les sièges, en

cuir, forment des canapés que l'on peut déplacer et ajuster, l'équivalent des sièges de première classe du train à grande vitesse chinois.

Reconnu comme l'un des dix meilleurs trains touristiques de luxe au monde, le « Canadien » est un train touristique longue distance exploité par VIA Rail Canada. Il parcourt environ 4 466 kilomètres échelonnés sur 4 jours. Il part chaque semaine simultanément de Vancouver, en Colombie-Britannique, et de Toronto, en Ontario, dans les deux sens, traverse les côtes est et ouest du Canada, traverse quatre fuseaux horaires et son réseau couvre presque toute l'étendue de ce vaste territoire.

Le wagon dans lequel nous nous trouvions n'était occupé qu'à environ 60 %, et le train dans lequel nous embarquions prenait la ligne Vancouver-Toronto. Nous nous arrêterons d'abord à Jasper, en Alberta. Assis dans ce train touristique, excité et curieux, je regardais les montagnes enneigées à perte de vue et m'amusait à observe le long front courbe du train, c'était vraiment magique.

Assis sur les sièges d'observation du deuxième étage du wagon panoramique (avec un toit en verre entièrement transparent, il est plus aisé pour les passagers de profiter du paysage), nous buvions ensemble du thé Pu'er parfumé, l'avons pris et reposé, et riions du passé et du présent. Bien que nous n'ayons loué de couchette, ce voyage en en train au Canada nous ramena 40 ans en arrière, et me rappelait le « train à surface verte » que je prenais en Chine continentale.

Les heures passèrent et les passagers du wagon se sont peu à peu endormis. On entendait, de temps en temps, des ronflements, signe qu'ils passaient une bonne nuit. À ce moment-là, il se produit quelque chose d'étonnant. De l'eau se mit soudainement à s'écouler des toilettes, situées à l'une des extrémités de notre wagon et se mit à couler sur la moquette de l'allée, affectant les passagers à proximité.

À ce moment-là, le mentor Guo prit l'initiative de se renseigner, trouva le conducteur et, grâce à sa maitrise de l'anglais, parvint à résoudre le problème. Il a également dit à la mère des quatre enfants de bien s'occuper d'eux et d'éviter de déranger les autres passagers tard dans la nuit. À ce moment-là, la mère commença à montrer des signes d'impatience et se mit à gronder ses enfants bruyamment. Nous nous sommes tous sentis un peu mécontents et comme condamnés dans nos cœurs.
Pourquoi leur père ne venait-il pas l'aider ? Le mentor Guo me dit à ce moment-là que ce que pour cette mère seule, un bébé en pleurs dans les bras, ce ne devait pas être facile. À ce moment-là, j'ai pensé à l'importance de la langue dans un pays aussi étranger.
Après une nuit de sommeil profond, je suis venu voir Guo vers 8 heures du matin, et tout le monde paraissait plus détendu. Après un brin de toilette, nous sommes allés prendre le petit-déjeuner, impatients d'arriver à destination. Alors que nous étions tous de bonne humeur, le train s'arrêta soudainement. Par la fenêtre, nous voyions les contrôleurs s'agiter, discuter nerveusement et tous semblaient pris au dépourvu. Le train a été immobilisé pendant environ 4 heures.
Nous avons d'abord vu une camionnette, puis une ambulance accompagnée d'une voiture de police. Peu de temps après, une autre ambulance vint rejoindre la première. J'ai entendu le mentor Guo dire que la première ambulance n'était qu'une voiture de reconnaissance et que la seconde était, quant à elle, une ambulance d'urgence. Ils allaient et venaient à toute vitesse. Toutes les personnes présentes étaient anxieuses et ne pouvaient s'empêcher de demander des explications à Guo sur la situation.
Il nous dit que, tout à l'heure, le père de famille se trouva dans une situation périlleuse. Sa respiration s'accéléra, ses pupilles

se dilatèrent et sa vie fut soudainement en danger. Cependant, comme il n'arrivait pas à exprimer clairement ses symptômes en anglais, le personnel médical n'arrivait pas à agir efficacement.

À ce moment-là, personne ne pouvait l'aider s'exprimer ni à expliquer ce qui était arrivé. À la demande du responsable du service et du conducteur, Guo s'est approché de la porte de l'ambulance à côté du train et joua le rôle d'interprète entre toutes les parties. Grâce à sa maitrise du jargon médical et sa concision, le patient appelé Xu a reçu un diagnostic et un traitement à temps, ce qui a atténué ses autres symptômes critiques. Guo aida la mère à calmer ses six enfants et suggéra un plan d'évacuation ; il a recommandé au personnel ambulancier chargé des premiers secours d'envoyer le père et l'aîné de la famille à l'hôpital local le plus près de notre point d'arrêt pour y recevoir un traitement médical complémentaire. Les cinq autres enfants et leur mère furent mis en quarantaine dans d'autres voitures-lits, en raison du COVID-19.

Mais cette histoire est loin d'être terminée. Cet homme et son fils aîné ont été diagnostiqués positifs à la COVID-19. Si cette approche « de compromis » n'avait pas été utilisée, le train entier aurait été contraint de se garer dans les montagnes et les forêts en raison de l'incident COVID-19, ou les passagers du même wagon auraient été contraints de s'arrêter dans les montagnes en raison de cas de COVID-19. Tous les passagers devront être soumis à des tests, et dans les cas plus graves, devront être placés en quarantaine sur place. Comme nous ne nous étions pas protégés à temps et ne portions pas de masques, cet incident devait agrémenter notre voyage de quelques imprévus..

L'on considère souvent le Canada comme un pays respectueux des droits de la personne, et soucieux de protéger les droits de ses citoyens. Afin de sauver la vie des passagers, des véhicules médicaux et des ambulances d'urgence furent dépêchées de différentes régions pour mener des recherches en temps réel et décider à quel hôpital seraient transportés les patients pour recevoir un traitement, pour organiser la prise en charge ou le placement de leurs proches.

À cette fin, Guo resta debout, appuyé sur sa canne, marchant d'avant en arrière dans la neige, et allant et venant entre le personnel du train et l'équipe d'ambulanciers. Il communiquant et coordonnait les patients, leurs familles, le personnel ferroviaire et les secours médicaux d'urgence et proposait différentes solutions afin qu'un plan d'évacuation familiale viable soit approuvé à la fois par les services ferroviaires et par la famille du patient.

Plus tard, j'ai appris que Guo et sa famille choisirent de ne pas se faire vacciner contre la COVID-19 pendant toute la durée de l'épidémie. Dans les conditions actuelles, ce n'était pas une chose facile pour lui d'éviter la contamination. Il était également le seul homme chinois de tout le train capable de communiquer efficacement en anglais. Pourtant, sans hésiter, il se précipita pour aider cette famille de six personnes en détresse à résoudre leurs problèmes. Était-ce là l'expression de son altruisme, de son enthousiasme et de son sens des responsabilités ? Nous n'arrivions pas à le comprendre.

Malgré les conditions actuelles et les risques élevés de contamination, nous quatre devions continuer notre voyage à bord du train. Peut-être était-ce simplement son immense amour, son humanité et sa bienveillance ! Après tout, nous sommes tous Asiatiques, et peut-être ressentait-il au fond de lui qu'il devait agir ainsi.

Après une longue période de discussion entre les médecins et les patients, Guo courait de haut en bas pour contacter les membres de la famille, les ambulanciers, le responsable du service et le patient Xu. L'hôpital désigné pour le traitement des cas confirmés de COVID-19 n'autorisait que deux patients infectés à être admis. Les quatre autres, considérés comme des individus à risque, devaient rester en quarantaine à bord du train et ne pouvaient accompagner les deux patients confirmés. Comme le train s'était arrêté soudainement dans un endroit isolé, il n'y avait aucune présence humaine aux alentours, tout était recouvert de brume et de neige, et aucun transport public n'était disponible. Même aujourd'hui, à l'ère d'Internet, il n'y avait ici aucun signal. La séparation de cette famille de six personnes conduisait donc à une coupure immédiate et totale à partir de cet instant.

C'est pourquoi Guo devint la station « pivot » entre le patient Xu et sa femme, et lui transmettait des messages le long des wagons du train. Finalement, le père et le fils acceptèrent de quitter le train par ambulance et d'être envoyés à l'hôpital local. La mère et les trois jeunes enfants furent mis en quarantaine dans une cabine-couchette spéciale. Toutes ces manœuvres furent suggérées par Guo.

Après le redémarrage du train, la voiture dans laquelle nous nous trouvions fut désinfectée de fond en comble et le conducteur distribua des masques médicaux à chaque passager. Notre train, malgré ces 5 heures de retard, finit par arriver à la gare de Jasper à 17 heures, comme prévu.

Bien que les préparatifs de ce voyage fussent précipités, le guide de voyage de Tina Y. Zhang fut assez détaillé. Nous n'avons marché que 5 minutes jusqu'au célèbre hôtel Athabasca, un hôtel avec une histoire de 130 ans. Il y a des spécimens de mousse et des têtes de vaches, de chèvres et cerf suspendus dans le hall. On y trouve des restaurants, des bars et des clubs de danse. Vraiment, il nous replonge tout droit chez les cow-boys de l'Ouest et regorge d'histoires.

Après une nuit de repos, notre programme de visites commença officiellement. Bien que nous fussions en « basse saison touristique », la ville de Jasper nous parut magnifique. Elle est blanche et pure, et le soleil tape fort même à midi. Non seulement il ne fait pas froid, mais nous avons eu chaud. C'est une ville touristique célèbre, originale, pure, en pleine nature et couverte de glace et de neige. Chaque respiration nettoie le cœur et nos poumons s'en trouvent purifiés, ce qui est extrêmement relaxant ! Il y a environ 5 000 résidents permanents ici, venant de différents pays et régions.

Le parc national Jasper est l'un des parcs nationaux alpins les plus célèbres du Canada et le plus grand parc national des Rocheuses canadiennes. Il couvre une superficie de 10 878 kilomètres carrés et abrite une grande variété d'espèces, une végétation sauvage dense et des animaux sauvages tels que des cerfs élaphes, des chèvres de montagne, des élans, des mouflons d'Amérique, des ours noirs, des castors, des pikas des montagnes Rocheuses, des chiens de prairie et des caribous qui errent librement en grand nombre dans les montagnes et les allées.

Au cours de notre programme d'aventure touristique de trois jours, nous montâmes à bord de quatre taxis différents pour explorer et visiter le lac Medicine, le lac Pyramid, le lac Maligne et le canyon Maligne, les chutes Athabasca, l'hôtel Fairmont, etc. dans le parc. En hiver, les montagnes, les lacs et les glaciers se fondent les uns dans les autres, et mettent en valeur la beauté infinie de la nature. Le dernier jour (et le plus palpitant), pour nous rendre au canyon Maligne, nous avons dû emprunter une route verglacée. Sans le sang-froid et le courage du chauffeur autochtone Perry, comment aurions-nous pu nous délecter d'un paysage si merveilleux et époustouflant ? Je me souviens qu'après avoir visité le lac Maligne un explorateur, nous dits : « Si le lac Louise est une perle, le lac Maligne est un le collier de perles. »

Chaque chauffeur de taxi nous a laissé une impression profonde et différente. Ils ont tous des caractéristiques communes, telles que la simplicité, l'enthousiasme, l'optimisme, l'amour de leur ville natale et la bienveillance envers autrui. De de temps en temps, des slogans publicitaires nous présentent les spécialités culinaires des différents pays présents et représentés ici. Ils espèrent que nous deviendrons amis et nous laissent leurs numéros de téléphone pour nous inviter à revenir.

En particulier, l'autochtone Perry, que nous avons rencontré le troisième jour, nous a accueillis chaleureusement. Il était humble et nous fit découvrir la culture locale et nous raconta son propre parcours tout au long du trajet.

Enfant, on le sépara de sa famille par la force et les blancs le persécutèrent jusqu'à l'âge de 17 ans, à tel point qu'il ne connaissait plus sa langue maternelle et ne maîtrisait plus que l'anglais. Cette année, alors qu'il fête ses 50 ans, il mena d'autres membres de sa tribu dans un combat juridique contre le gouvernement local. On raconte qu'il reçut deux indemnisations de l'État en 2022 de la part du gouvernement canadien.

Sa femme et son enfant ont perdu la vie dans un accident de voiture, et il vit toujours seul. Il nous confia que nous étions la seule « délégation » d'origine chinoise qu'il ait rencontrée ces deux dernières années.

À notre grande surprise, l'après-midi suivant, nous avons croisé de nouveaux Xu et ses enfants dans le hall de l'hôtel, vêtus de tenues de sport blanches. C'était bien M. Xu, celui auquel Guo avait porté secours. J'ai été stupéfait un instant. Sœur Dong a murmuré que, par une étrange coïncidence, quelqu'un avait soudain chuchoté : « Mon Dieu ». Mais Guo, lui, éclata de rire. Nous, jusqu'alors si terrifiés par les mesures d'isolement et de préventions strictes de l'épidémie, étions sans voix.

Guo nous expliqua posément toute l'histoire: après que M. Xu fut emmené, les médecins de l'hôpital arrivèrent à temps et réussirent à stabiliser son état provoqué à la Covid. Après une coordination et une communication continue entre l'hôtel où séjournait l'épouse de Xu, l'hôpital et le service de taxi de l'hôtel, il put acquérir leur confiance et voyager sans grande peine. Ensuite, Xu prit le taxi jusqu'à Jasper, chargé de son transfert depuis l'hôpital local.

Après cinq heures de va-et-vient, Xu retrouva finalement sa famille. On leur attribua une chambre à l'étage supérieur de l'hôtel. Peut-être était-ce simplement notre destin de les retrouver ici.

Puis, à midi le troisième jour, alors que nous attendions dans le hall, nous tombâmes nez à nez avec la mère de quatre enfants. Le monde est-il si petit ? Encore une chance pour notre rencontre ? Comment se fait-il que vous ne nous quittiez jamais ! Mentor Guo nous expliqua qu'il avait rétabli à nouveau la conversation, et que le couple et leurs enfants furent finalement réunis ici et lui a suggéré de passer à l'hôpital de la ville de Jasper pour des examens sans tarder. Peut-être est-ce dû à des enjeux de communication, mais nous apprîmes que, cette fois-ci, l'hôpital de Jasper leur refusa l'entrée.

Le soir, M. Xu se plaignit à nouveau de difficultés respiratoires et qu'il avait besoin d'un traitement d'urgence. Il demanda à Guo s'il pouvait l'accompagner jusqu'à l'hôpital. Après que nous en avons eu discuté, nous avons proposé différentes suggestions. Ils décidèrent de rester en communication par téléphone, y compris une fois que Xu prendrait place dans l'ambulance, mais qu'il ne l'accompagnerait pas « physiquement » jusque là-bas, car les complications que peut entrainer la maladie sont énormes. Nous ne sommes que des passants après tout, pas des membres de sa famille. Dans ces moments critiques, il est malaisé de prendre des décisions et une erreur de traduction, que ce soit sur les symptômes ou sur le nom d'un médicament, peut entrainer de graves conséquences. C'est comme ce que les gens disent souvent : personne ne sait ce qui arrivera en premier, un accident ou demain.

« Je leur souhaite sécurité et succès, que Dieu les bénisse. Je vais rentrer et attendre de leurs nouvelles », dit-il.

Dans le train du retour, nous avons rencontré un autre homme bien bavard, ancien employé des chemins de fer canadiens. Il travailla sur le chemin de fer pendant 34 ans et vivait dans le petit centre-ville de Jasper. D'après lui, en 1880, le gouvernement canadien avait besoin d'un grand nombre de travailleurs bon marché pour construire le chemin de fer du Pacifique. À l'époque, de nombreux jeunes hommes et d'âge moyen des régions côtières du Guangdong, en Chine, furent traités comme des "cochons » par des trafiquants d'êtres humains internationaux. Nombreux d'entre eux furent vendus aux entreprises minières canadiennes et aux compagnies de construction ferroviaire. Une fois sur place, on les affectait aux travaux de terrassement les plus durs et les plus dangereux. On rapporte qu'environ 7 000 travailleurs chinois participèrent à la construction de la ligne ferroviaire, et toutes les sections d'ingénierie les plus périlleuses leur furent confiées. Une fois le chemin de fer terminé, le gouvernement de l'époque n'a même pas daigné les traités décemment, si bien que ces travailleurs se dispersèrent le long de la voie ferrée et s'y installèrent définitivement.

Source : Service mandarin de RFA le 11 juin 2024

《Guo Li, défenseur des droits de l'homme dans l'affaire du « lait en poudre frelaté à la mélamine », rencontra de nombreux obstacles pour écrire des livres, même à l'étranger.》

11/06/2024 14:59 ET

Guo Li vient de terminer la rédaction de son livre, « Un père en exil », qu'il rédigea au Canada, et dont le contenu couvre le scandale du « lait frelaté à la mélamine » du début jusqu'à la fin, scandale qui éclata en 2008. Il déclara que ce scandale ne concernait pas seulement la Chine, mais le monde entier, la sécurité alimentaire à l'échelle mondiale fut affectée. (Photographié par le journaliste Liu Fei)

Guo Li est le père d'une victime de ce scandale. Il fut condamné à cinq ans de prison dans le Guangdong pour avoir tenté de défendre ses droits et ceux de sa fille et fut finalement acquitté après de longues années de lutte. Pendant son exil au Canada, il rédigea le livre « Le goût du lait en poudre à la mélamine – un père en exil ». Durant son exil, et de manière inattendue, il fut expulsé sans préavis par son propriétaire, dans la ville de Vancouver. Il soupçonnait qu'une force tapie dans l'ombre cherchait délibérément à le réprimer et à le réduire au silence, même ici, à l'étranger.

Surnommée le père du « bébé aux calculs rénaux », Guo Li, se vu refuser une indemnisation de l'État en 2022 (1)

Guo Li, père d'un enfant victime d'un produit frelaté, a été expulsé par des agents de sécurité à Guangzhou en 2017 (2)

En 2018, Guo Li, lui-même victime de ce scandale, déposa une plainte et a demanda à ce que l'entreprise laitière Mengniu

Yashily soit tenue pour responsable de ses crimes et qu'elle prenne en charge sa demande d'indemnisation.

Vous souvenez-vous encore de l'incident du « lait en poudre frelaté à la mélamine » survenu en Chine en 2008 ? Il a pourtant choqué et ébranlé la société à l'époque. Guo Li, le père de l'un des enfants touchés, lutta pour défendre ses droits et exiger une indemnisation de l'entreprise à l'origine de l'incident, mais on le piégea, et la justice collabora à cette machination, et fut condamné à cinq ans de prison par les autorités locales du Guangdong pour « extorsion ». Plus tard, la Haute Cour du Guangdong l'a acquitté en 2017. Il demanda une indemnisation de l'État, qu'on lui refusa au motif que le délai de prescription fut expiré.

Il a été torturé en prison, a mangé du riz moisi, bu de l'eau vaseuse, et fut sévèrement lynché par le personnel pénitentiaire. Depuis, il porte avec lui ces blessures et ces séquelles. Il décida de quitter Pékin lorsqu'il comprit qu'il ne pourrait obtenir un diagnostic et un traitement médical appropriés en Chine.

Dans une interview exclusive, Guo Li déclara qu'il était arrivé à Vancouver, au Canada, au début de l'année dernière, mais qu'il n'avait pas pour autant abandonné ses revendications ni son combat pour la défense de ses droits. Pour lui, ce n'était pas une simple lutte personnelle, mais une lutte dont l'objectif concerne plus de 30 millions de familles affectées depuis 2008.

"C'est un objectif qui ne doit pas être abandonné pour tous ceux qui se préoccupent de la sécurité alimentaire en Chine. Ils ont des griefs, et j'espère pouvoir l'exprimer et parler en leur nom. Car il s'agit bien cela, une lutte collective, bien qu'en apparence cela ne semble pas le cas.

Il y a deux jours, j'ai rencontré quelqu'un ici. Il m'a dit que ses proches et ses amis achetaient du lait en poudre, du lait infantile et du lait pour adultes, pour les revendre en Chine à deux fois le prix affiché."
Il m'expliqua que, comme les produits fabriqués en Chine sont encore à risque, personne n'ose en consommer. "Encore aujourd'hui, les consommateurs chinois n'osent même plus acheter du lait en poudre à Hong Kong... car il y a aussi de nombreux produits contrefaits là-bas.

Dans sa cellule d'isolement, Guo Li a dessiné une image de lui, sur laquelle on le voit de dos tenant la main de sa fille, exprimant ainsi à quel point sa fille lui manquait en prison, et même encore aujourd'hui. (Photo de Liu Fei)
Après avoir été acquitté, il a voulu écrire un livre pour raconter cet incident. Au début, il a contacté quelques auteurs, et tous soutinrent son projet sans équivoque, mais les ennuis reprient de plus belle. Il m'expliquait avoir partagé son projet avec un écrivain du Shandong. Alors que celui-ci entamait la rédaction de l'ouvrage, il fut mis sous surveillance par les agents locaux de la sécurité. Puis, un jour, des "étrangers" arrivèrent chez lui, accompagnés de son assistant social communautaire, et lui dirent : "Nous avons entendu dire que vous aviez des contacts avec Guo Li. Nous vous prions de supprimer tout ce que vous possédez sur lui dans votre ordinateur." Contraint, l'écrivain dut effacer, sous leurs yeux, tout le contenu dont, évidemment, les ébauches de l'ouvrage sur Guo Li . Après cet incident, l'écrivain lui dit qu'il ne pourrait pas reprendre le projet.
Même écrire cet ouvrage ici, au Canada, semble causé des problèmes aux familles victimes de cette époque. Ces deux derniers jours, quelqu'un m'appela et me dit : "Nous ne pouvons plus te contacter à cause de ta prise de position sur le scandale du lait chinois. Nous avons peur, car ton nom fut

retrouvé dans ce livre interdit en Chine. Si tu continues à en parler publiquement, nous ne reprendrons plus contact avec toi. Nous avons peur, c'est très dangereux."

Guo Li m'expliqua qu'il fut expulsé par son dernier propriétaire chinois en Relations publiques le mois dernier. Depuis l'an dernier, ce propriétaire subissait des pressions constantes pour qu'il l'évince de son logement, mais devant ces requêtes insistances, Guo rappela que son contrat locatif "RTB" s'étendait sur an, qu'il avait donc le droit de rester.

Il nous précisa qu'il avait toujours payé son loyer à temps et n'avait jamais causé de problème, mais le propriétaire finit par l'accuser à tort de l'avoir agressé et monta de toute pièce un faux signalement à la police. Finalement, la police confirma que Guo avait le droit légitime de continuer à vivre sur place. Le propriétaire prit des mesures radicales et lui coupa l'eau et l'électricité, changea les serrures et lui interdit l'accès au logement. Guo fut forcé d'errer dans les rues.

"Ce n'est pas le comportement normal d'un propriétaire au Canada", me dit-il. Il tente désormais de le poursuivre en justice devant le tribunal locatif ou civil. Il se demanda si une force cachée ne chercherait pas à le piéger en utilisant la méthode du "碰瓷儿" (pèng cí ér), expression pékinoise désignant une fausse accusation montée de toutes pièces, dans l'espoir qu'il soit inculpé par la police montée canadienne (RCMP) pour l'empêcher d'écrire ce livre et de défendre ses droits en Amérique du Nord.

Autrefois, Guo Li fut un expert interprétation simultanée fort bien rémunérée, mais ce scandale bouleversa sa vie. Sa détermination le conduisit en prison. Il purgea une peine de cinq années à la prison de Jieyang, dans le Guangdong. Pendant son incarcération, sa femme lui demanda le divorce, et sa fille s'éloigna de lui. Et pourtant, il ne regrette rien.

Son livre récemment achevé s'intitule " Pére en Exil», en référence à ce premier moment partagé avec sa fille, à sa sortie de prison.

Cette dernière lui dit qu'il était comme Pére en Exil venu du ciel ou d'une autre planète, description qu'elle accompagna d'un dessin. Nous espérons qu'un jour, elle saisisse l'importance et la portée du combat qu'a mené son père. Un combat qu'il mena pour elle, mais aussi pour que triomphe la justice dans le monde.

# Chapitre XI

Évaluation et Résumé d'un Avocat Pénaliste Chinois
Réputé sur l'Affaire Guo Li en Mars 2025 (Extrait)

15. Ils forment un système politique et juridique. Vous êtes un individu face à une machine politico-juridique. Ce système se divise en plusieurs niveaux logiques. Par exemple, qui est la personne juridique responsable (l'organisme obligé) pour (l'indemnisation d'État comme la vôtre) ? Ils utilisent d'abord cette question pour vous embarrasser (l'initiateur du cas d'indemnisation d'État en Chine). Une fois que vous avez résolu cette question pour eux, ils commencent à argumenter et disent : même si je suis l'organisme obligé de l'indemnisation d'État, cette affaire (concernant le handicap de Guo Li dans une prison chinoise) n'a pas été causée par moi (l'organisme comme le tribunal), donc je ne devrais pas vous indemniser, Guo Li. Puis vous, Guo Li, avez de nouveau brisé cette impasse. Mais ils trouvent un autre prétexte, affirmant que le délai de prescription pour engager la responsabilité des organismes d'indemnisation (comme la police ou la prison) est expiré. Le système juridique chinois a été initialement conçu pour traiter les « méchants ». Mais maintenant, il l'utilise pour se soustraire à ses propres responsabilités et s'en prendre aux gens de bien ! Cette machine juridique exploite les failles et les faiblesses logiques de son réseau pour traiter les personnes qui viennent légitimement revendiquer leurs droits.

16. Je constate maintenant que le système des organes gouvernementaux chinois suit en réalité un schéma. Par exemple, lors du traitement d'une affaire, tout le monde pense que l'affaire est réalisable et rentable, alors ils se rassemblent et se protègent mutuellement. Mais une fois que l'affaire tourne mal, ils se rejettent la responsabilité de toutes les manières possibles, essayant de s'en éloigner le plus possible et d'éviter les zones problématiques si possible. Ils n'exposeront pas les problèmes des autres parties, en particulier les tribunaux chinois. En réalité, un tel système

judiciaire devrait véritablement exercer son pouvoir et incarner l'équité et la justice. Mais le tribunal n'est en fait qu'un organe gouvernemental sur la chaîne de production, cherchant uniquement à se protéger. Quand il devient nécessaire d'assumer une responsabilité légale, il se dérobe. N'attendez pas que le tribunal chinois se lève et rende une VRAIE justice, c'est impossible.

17.     Un autre problème est : que devraient faire les parties impliquées, y compris les avocats ? Que pouvez-vous faire à ce sujet ? Tout cela n'est-il pas QUE des paroles en l'air, et rien ne peut être fait par nous ? Oui, vous savez que ce problème ne peut pas être résolu, ou que ce n'est même PAS possible de le faire, mais vous VOULEZ quand même le faire. Je trouve ça vraiment pessimiste ! C'est-à-dire que chacun peut avoir un monde idéal en tête, où cette communauté, ce pays et cette société devraient être justes et équitables, et vous avez un idéal très « magnifique ». Mais la réalité est bien loin de cet idéal. Cependant, tant que moi, en tant qu'avocat, je pense que j'avance, ça me va. Je suis un gradualiste. Je ne pense pas être une personne agressive. Il y a des avocats qui espèrent pouvoir prendre des mesures drastiques ou proposer une idée radicale immédiatement pour changer la Chine actuelle. Mais je pense que cette approche est trop NAÏVE. Quelle est, selon moi, l'approche la plus réaliste ? Tant que vous pouvez faire quelque chose, vous devriez travailler dur pour avancer, comme vous l'avez écrit dans le livre AFD : « Tant que vous persistez, il y a de l'espoir uniquement si vous continuez à persister. » Si vous pouvez faire un peu, alors faites un peu ; si vous pouvez faire deux choses ensemble, faites-les ensemble. C'est ce que j'espère vraiment voir ici en Chine de mes propres yeux. Je pense que le système chinois ne peut changer qu'avec des transformations solides chez son propre peuple. C'est similaire à la manière dont le sol

détermine la plante et les fruits qui y poussent. Si les conditions du sol changent, la qualité des fruits changera et s'améliorera forcément en conséquence.

18.    Li, vous êtes né dans les années 1960, et ma mère et sa famille sont nées dans les années 1950. Je pense que ce sont les générations des années 60, 70 et 80 qui ont encore une mentalité d'obéissance, le genre de personnes qui se contentent d'obéir à ce que les aînés ou les dirigeants leur disent, et qui ne sont pas douées pour s'exprimer ou se battre pour elles-mêmes. Mais les générations plus jeunes, comme celles des années 90 et 2000, sont différentes, surtout celles des années 2000. Je crois qu'elles changeront certainement cette société, car les personnes nées dans les années 1990 et 2000 n'ont pas de fardeaux historiques ni de souvenirs de souffrances en Chine. Dans chaque famille, ces jeunes générations sont élevées avec beaucoup d'attention autour d'elles. Elles ont la conscience la plus forte de leurs propres droits, de leur indépendance, et le moins d'obéissance. Aujourd'hui, elles choisissent de ne pas se marier, de ne pas avoir d'enfants, elles n'achètent ni maison ni voiture. N'est-ce pas ces deux générations qui agissent ainsi ? Elles n'agissent pas selon les soi-disant valeurs traditionnelles ou dominantes. Elles doivent avoir leurs propres idées et leurs propres façons de faire les choses. Donc, je pense que de notre vivant, peut-être dans 20 à 30 ans, la société chinoise fera un grand pas en avant. Cela ne dépend pas de révolutionnaires ou de héros pour sauver tous les Chinois. Je crois qu'après que les fondations économiques de notre société seront établies, le monde subjectif et spirituel des Chinois va changer. Cette génération émergente mènera cette société à un niveau supérieur dans l'avenir. Je crois que cette scène se produira certainement. Ce n'est qu'une question de temps.

19.   Pourquoi pouvez-vous continuer à vous battre et à persévérer ? Savez-vous pourquoi vous pouvez vous battre pour vous-même ? Pourquoi d'autres personnes ne peuvent-elles qu'obéir ?
Je pense que l'élément le plus important est votre esprit solide et vos compétences.
Premièrement, l'esprit est l'élément le plus crucial ! De nombreux Chinois sont domestiqués dès leur naissance sur le territoire chinois. Ils sont soumis à l'autorité de leurs parents à la maison, de leurs enseignants à l'école, de leurs supérieurs ou des dirigeants de leurs employeurs et des entreprises publiques (« bol de riz en fer ») après leur diplôme. Ils ont toujours été obéissants et dociles. Cependant, vous n'avez pas ces chaînes sur vous, car depuis des années, vous avez toujours été un travailleur indépendant ; vous êtes une équipe complète à vous seul. Vous n'avez pas à dire qui vous devez obéir ou suivre. Vous vivez et agissez selon vos propres principes et convictions. Votre indépendance d'esprit et votre refus d'être un « animal » domestiqué sont très forts et rares.

Le deuxième point, c'est votre compétence. En quoi vos capacités diffèrent-elles de celles de la plupart des hommes chinois ? Votre capacité d'expression est extrêmement forte, votre logique est très aiguisée et vous avez la capacité de communiquer et d'interagir au-delà des frontières. Ce sont des qualités rares parmi les hommes chinois. Aujourd'hui, beaucoup ne savent même pas comment s'exprimer correctement. Lorsqu'ils rencontrent une idée raisonnable et veulent la partager, leur capacité de raisonnement logique est faible, et ils ne parviennent qu'à parler de manière décousue. Si vous prenez un homme chinois au hasard et que vous lui demandez de prononcer un discours en public devant une grande foule agitée, oserait-il le faire ? Serait-il capable de s'exprimer correctement ? Combien de personnes en sont capables ? Même parmi les hauts responsables chinois, beaucoup n'ont pas ces compétences. N'ayant pas été formés à l'école et n'étant pas autorisés à s'exprimer chez eux, ils ignorent qu'il s'agit d'un problème majeur et n'ont bien sûr aucune occasion de s'entraîner ou d'apprendre en Chine.

De plus, le gouvernement à tous les niveaux contrôle toutes les informations, y compris celles provenant des réseaux sociaux et des écoles. Si votre cerveau n'a pas une grande quantité d'informations stockées en préparation, il vous est impossible d'atteindre un saut qualitatif dans la réflexion. La plupart des gens vivent donc une vie quotidienne très simple, dans un environnement de pensée limité, comme une grenouille dans un puits : ils voient peu et réfléchissent encore moins. Li, vous êtes complètement différent de cette majorité. Vous avez une forte capacité de raisonnement logique et vous pouvez écrire de vos deux mains avec aisance, ce qui est vraiment quelque chose que peu de gens peuvent acquérir.

20.   Cependant, vous avez la capacité globale de faire les deux de manière équilibrée, votre logique est très rigoureuse, votre réaction est très rapide, et enfin, mais non des moindres, votre expérience passée dans l'interprétation simultanée vous a également formé. Alors, que pensez-vous que les autres devraient faire ? Ils ne peuvent même pas s'exprimer de manière logique, et ils n'arrivent même pas à penser clairement.
21.   Apprendre une langue étrangère comme l'anglais sert également à renforcer votre logique et votre capacité à « contrôler la scène ». La logique de l'anglais est bien plus structurée que celle du chinois ou du mandarin. Le chinois est

en réalité un langage d'images, tandis que l'anglais est purement logique.

22. Bien qu'il soit actuellement impossible pour d'autres hommes chinois de reproduire directement votre parcours de réussite, cela ne signifie pas que chaque individu ne puisse pas apprendre quelque chose, même une petite chose utile ou essentielle venant de vous. Cela ne signifie pas non plus que, dans le futur, personne né dans les années 90 ou 2000 ne pourra atteindre votre niveau de combat.

23. Un ancien collègue d'interprétation simultanée des États-Unis a appris le projet de film il y a quelques jours. Après avoir lu la nouvelle, il a contacté Guo pour le féliciter. Il a dit : "Lao Guo, ce à quoi tu pensais il y a 20 ans est encore en avance aujourd'hui, en 2025, mais quand tu en parlais il y a 20 ans, voire il y a plus de 10 ans, presque tout le monde devait penser que tu étais fou, ou se demandait d'où venait cet homme étrange. C'était juste des absurdités et un délire. Mais si l'on regarde ce que tu as dit, ce que tu as écrit, ou ce que tu as exigé dans tes affaires, le plan d'indemnisation que tu as présenté à la police, au procureur, au système judiciaire, à la prison et aux tribunaux, ainsi que le montant et le fondement de l'indemnisation d'État que tu réclames, ils sont encore aujourd'hui bien en avance sur la prise de conscience de la majorité des Chinois. Il est donc rare d'avoir eu cette conscience avancée il y a 20 ans. Les Chinois ont rarement ce genre de conscience. Et la formation de cette conscience nécessite un terreau, c'est-à-dire que le sol de la société chinoise est trop stérile. Par exemple, les gens trop pauvres ou trop peu informés, ceux qui en savent trop peu sur des sujets comme les droits légaux (ou humains), ceux qui ne sont pas doués pour réfléchir, ne peuvent même pas en parler ni y penser. Même si on leur demande d'y réfléchir et qu'on leur donne du temps, ils ne parviendront toujours pas à une pensée

correcte. Il faut un certain niveau de connaissances et d'accumulation d'informations pour atteindre ce niveau de conscience. Que ce soit la culture chinoise ou occidentale, tu en as tiré une nourriture, comme le concept de paiement punitif des dommages et intérêts des victimes contre les entreprises laitières et les affaires d'indemnisation d'État que tu as soulevées à l'époque. Si tu en parlais en Chine, penses-tu que les Chinois oseraient y penser ? Oseraient-ils déposer des demandes de paiement punitif ? Qui les aiderait à punir les accusés ? Eh bien, penses-tu que les Chinois pourraient y penser ? C'est ce genre de nutrition que tu as reçue de la culture du monde anglophone qui a développé cette conscience de la réclamation punitive. Le comportement des fonctionnaires et des hommes d'affaires qui s'associent pour faire des affaires en Chine et dans le monde entier est une forme de mal qui cause des dommages physiques et sanitaires aux consommateurs et met même leur vie en danger. Ils devraient être sévèrement punis avec des amendes colossales, jusqu'à la faillite, afin que les mauvaises entreprises ou individus n'osent plus jamais commettre de telles actions, au lieu de dire qu'ils ne paieront qu'une somme modique pour le crime qu'ils ont commis, et que ce genre de comportement continuera à se reproduire.

24. Quelle est la logique profonde sous-jacente à tout cela ? Même les personnes qui survivent dans l'environnement actuel perpétuent la structure logique de la pensée dominante de l'ancienne Chine impériale : les monarques, les ministres, les pères et les fils. Dans la société hiérarchique, c'est la conscience de cette hiérarchie sociale qui domine nos pensées la plupart du temps. Et Li, tu représentes en réalité une pensée selon laquelle tous les hommes naissent égaux, l'idée que les autres sont égaux aux fonctionnaires, donc les fonctionnaires en fonction ou les départements gouvernementaux doivent

indemniser pour leurs erreurs. Les demandes que tu leur as faites ne sont-elles pas tout simplement ce que tu étais en droit de leur demander ?

Pour finir, pour faire simple, ce sera un GRAND film pour le monde.

www.ingramcontent.com/pod-product-compliance
Lightning Source LLC
Chambersburg PA
CBHW050241010526
44107CB00040B/1476/J